gluten free

ANNELIE WAGENSTALLER / JULIA WALDMANN

Brot & AUFSTRICH = ♥

SANDWICH-IDEEN FÜR JEDE GELEGENHEIT

blv

INHALT

VORWORT

Hallo!
Ich heiße Julia, und ich liebe Brot mit leckerem Aufstrich.
Auf meinem Blog juliettaseasons.com, der sich vor allem mit saisonaler Ernährung beschäftigt, heiße ich Julietta (übrigens gesprochen wie Julia, mit Jot, und nicht als käme ich aus Italien). Dieser Name hat für mich eine besondere Bedeutung, da es in der Kindheit ein Kosename meines Vaters für mich war – so ist er überhaupt erst auf dem Blog gelandet.
Meine Hände riechen irgendwie immer nach Essen! Das kommt daher, dass ich ständig damit beschäftigt bin, etwas kleinzuschnippeln, an- oder umzurühren oder zu kneten. In der Regel bemühe ich mich, dass es sich dabei um etwas Saisonales (the season [si:zn] – Jahreszeit) handelt und es am Ende lecker schmeckt (to season – würzen, abschmecken) – so kam der Blogname zu Stande. Eine besondere Leidenschaft habe ich für gutes Brot. Das ist für mich viel mehr als eine schnelle Mahlzeit mit Käse- und Wurstaufschnitt oder blanker Butter. Und deshalb bin ich seit eh und je auf der Suche nach schmackhaften Aufstrichen und Sandwich-Ideen.
Meine pikanten und süßen Lieblingsaufstriche findet Ihr in diesem Buch. Kombiniert mit Annelies Broten zu Brotzeit-Ideen für jede Gelegenheit.

Hallo!
Ich heiße Annelie, und meine große Liebe gilt dem Brot.
Seit ich denken kann, war klar: Ich werde Müllerin. Und das Brotbacken gehörte für mich, als Vollendung meines Handwerks, immer dazu. In meinen Backkursen fällt mir auf, dass die meisten viel zu viel Angst vor dem Selberbacken haben. Da kann ich Euch aber beruhigen, mit den richtigen Rezepten macht das weder viel Arbeit noch Stress. Alles was man braucht, ist der nötige Schwung zum Kneten, Gelassenheit – und richtiger Appetit!
Wer wissen möchte, was im Brot drin ist, der sollte es selber backen, und zwar mit Mehl von richtig guter Qualität, am besten selbst gemahlen oder aus einer guten Mühle. Die Nährstoffe im Getreidekorn, die Brot zu einem so hochwertigen Nahrungsmittel machen, Eiweiß, Vitamine, Mineralstoffe, liegen vor allem in den Randschichten, je nach Verarbeitung kann die Mehlqualität stark schwanken.
Aber der Mensch lebt nicht vom Brot alleine, und es kommt auch darauf an, was wir drauf streichen! Deshalb haben Julietta und ich uns zusammengetan: Dies ist mein erstes Buch mit einer Partnerin, und ich bin schon gespannt, wie Euch die vielen Rezepte, die wir für unser gemeinsames Buch kreiert haben, schmecken werden!

Weil selbstgebackenes Brot am besten mit hausgemachten Aufstrichen schmeckt, haben wir uns mit unserer Liebe zu Brot & Aufstrich zusammengetan und wünschen Euch viel Spaß beim Schnippeln, Backen und Belegen!

Julietta & Annelie

Annelie's Backtipps

Brotbacken ist ganz einfach. Und man braucht nicht viel dazu: gute Zutaten, einen Backofen, den Rest haben fast alle im Küchenschrank. Natürlich gibt es einige Küchenhelfer, mit denen die Arbeit noch etwas leichter von der Hand geht. Das wichtigste für ein gutes Brot oder Brötchen ist, den Teig gut zu **kneten**, ausreichend **reifen** zu lassen und dann bei der richtigen Temperatur gut **durchzubacken**.

KNETEN, KNETEN KNETEN!

Für die Teigzubereitung brauchen Sie **große Schüsseln** und eine **stabile, glatte Arbeitsfläche**. Besonders praktisch ist ein **Nudelbrett** mit angewinkelten Kanten vorne und hinten, sodass es beim Kneten nicht auf dem Tisch rutscht.

Ich knete am liebsten mit den Händen, aber ein **Handmixer mit Knethaken** oder eine **Küchenmaschine mit Knetfunktion** können sehr hilfreich sein. Denn ein guter Teig muss eine gewisse Zeit geknetet werden, damit sich ein Gluten-Netzwerk ausbildet. Dann wird er glänzend, weich und dehnbar und beginnt die Schüssel selbst zu »putzen«. Viele geben zu viel Mehl nach, weil der Teig noch klebrig ist, dadurch wird das Gebäck hart und trocken. Falls Sie einmal nicht gut drauf sind, wird Ihr Brot vielleicht besonders gut – weil Sie ihren Ärger durch kräftiges und langes Kneten am Teig »abreagiert« haben. Achtung, sobald **Sauerteig** verwendet wird, bleibt der Brotteig im Vergleich zu einem reinen **Hefeteig** immer etwas klebrig. Arbeiten sie mit bemehlten Händen, sodass Sie die weichen Laibe und Semmeln gut formen und bewegen können. Zum Umsetzen von Semmeln auf das Backblech, aber auch zum Portionieren von Teig ist eine **Teigkarte** sehr nützlich.

ZEIT ZUM REIFEN

Die **Ruhephasen**, in denen der Teig »geht«, also die **Triebmittel Hefe** (milder Geschmack) und **Sauerteig** (herzhafter Geschmack) arbeiten können, sodass möglichst viel Luft in den Teig kommt und das Gebäck locker und knusprig wird, sind sehr wichtig. Am schnellsten geht dieser Reifeprozess bei lauwarmen Temperaturen vonstatten. In Ihrer Küche ist es wahrscheinlich nicht so warm wie in einer Backstube, deshalb sind die Gehzeiten im Buch ungefähre Werte. Hier kommt Ihre Beobachtungsgabe ins Spiel: Der Teig sollte sich verdoppeln.

Hefe darf nicht mit zu heißen Zutaten vermengt werden, sonst stirbt sie ab. Kalte Zugluft während des Gehens kann den Teig wieder zusammenfallen lassen. Man kann Hefe auch über mehrere Stunden im Kühlschrank gehen lassen (dann aber nur ⅓ bis ½ der Hefemenge verwenden). Das dauert zwar länger, dafür entsteht eine sehr feine Krume und man schmeckt die Hefe fast nicht mehr. Gehen lassen können Sie den Teig für die 1. Ruhephase abgedeckt an einem warmen, zugfreien Ort direkt in der Knetschüssel. Für die 2. Ruhephase sind für Brotlaibe **Gärkörbchen** besonders praktisch. Kastenbrote lassen Sie in der Form zum 2. Mal gehen, Kleingebäck am besten auf dem Blech oder, wenn Sie mehrere Bleche hintereinander backen möchten, auf einem Backpapierzuschnitt, den Sie später einfach auf das Blech ziehen.

Wenn Sie die Flüssigkeiten in Brotbackrezepten mit einem Schuss **Essig** anreichern oder durch **Buttermilch** ersetzen, hat der Teig einen für Triebmittel **optimalen pH-Wert**. Essig schützt zudem vor Schimmel.

BACK-KNOW-HOW

Brote formen

BROT UND BRÖTCHEN RICHTIG FORMEN

Rundwirken: Zum Rundwirken, also dem Formen eines runden Brotlaibes, wird der Teig auf eine Bemehlte Arbeitsfläche gelegt und etwas platt gedrückt (1). Das Teigstück wird nun von außen nach innen eingeklappt (2), und mit dem Handballen festgepresst (3). Anschließend wird der Teig ein Stück gedreht und der Vorgang wird wiederholt, sooft, bis ein runder Laib mit einer glatten Seite und einer Seite mit dem Schluss (4), also der Nahtstelle der Überlappungen, entstanden ist. Nach 5 Minuten Ruhepause kann der Laib noch **langgewirkt** werden, indem man ihn mehrfach hintereinander auf eine Seite einklappt. Anschließend in einem gut bemehlten Gärkörbchen gehen lassen.

Schleifen: Kleine Teigstücke werden nicht gewirkt, sondern wie Knödel zwischen den Händen oder mit einer Hand auf der Arbeitsplatte rund geschliffen. Dazu mit der Teigkarte den Teig portionieren (5), jede Portion locker und ohne Druck mit der Hand wie eine Computermaus umfassen und mit kreisenden Bewegungen auf der unbemehlten Arbeitsplatte drehen (6), bis die runden Kugeln leicht kleben.

DIE KRUSTE

Eine schön aufgerissene Kruste braucht eine »Sollbruchstelle«: Damit die Kruste schön aufplatzt, muss der Schluss nach dem Rundwirken gut eingemehlt werden, damit er sich nicht verschließen kann. Mit dem Schluss nach unten ins gut bemehlte Gärkörbchen setzen, dann ist er später im Ofen oben und platzt schön. Umgekehrt bekommt man ein Brot mit einer schön glatten, geschlossenen Oberfläche. Semmeln & Co. schlitzen Sie ohne Druck mit einer sehr **scharfen Klinge** an. Mit einem **Stippenrädchen** kommen gleichmäßige Löcher in den Laib, ohne die Luft heraus zu drücken. Um die typische Holzofenkruste auch im eigenen Elektroherd nachzuahmen, empfehle ich, das fertige Brot zusätzlich noch 30 Minuten bei 150 °C auf dem Ofenrost im Ofen zu lassen.

Backformen: Für meine Kastenbrote können Sie eine große Königskuchenform benutzen. Es gibt auch **spezielle Brotbackformen**, die sind noch etwas größer. Brötchen und Laibe backen Sie auf einem mit Mehl bestäubten oder mit Backpapier ausgelegten Backblech. Wenn Sie erst einmal auf den Geschmack gekommen sind, lohnt sich die Anschaffung eines **Lochbleches**: Durch die bessere Wärmeverteilung – besonders nützlich auch bei mehreren Blechen im Ofen – sind die Backwaren etwas schneller fertig, außerdem werden sie auch von unten schön knusprig.

AB IN DEN OFEN

Gebacken werden Brote und Brötchen bei mir, **soweit nicht anders angegeben, bei Ober- und Unterhitze**. Zwar kann man bei Umluft mit etwas niedrigerer Temperatur arbeiten, die »mildere« Backform ist allerdings die erstere. Backwaren werden ohne Umluft nicht so ausgetrocknet, die Verkrustung tritt langsam und gleichmäßig ein, der empfindliche aufgegangene rohe Teig wird nicht durch das Gebläse gestört.

Viele Brote und Brötchen werden mit **Schwaden**, also Wasserdampf gebacken: Den bekommen Sie im heimischen Herd ganz einfach, indem Sie vor dem Einschieben des Gebäcks mit einer sauberen Sprühflasche einige Stöße Wasser in den Ofen geben oder eine flache Blechform auf dem Ofenboden mit aufheizen und etwas Wasser hineingießen, sobald das Brot in den Ofen soll.

Mit der **Klopfprobe** testet man, ob ein Brot durchgebacken ist: Klingt das Brot beim Klopfen auf die Kruste hohl, kann es auf einem Gitter außerhalb des Ofens vollständig auskühlen. Sieht das Brot zwar schön braun und knusprig aus, klingt aber noch dumpf, ist es innen noch zu feucht. Reduzieren Sie die Temperatur auf 120/150 °C und »trocknen« es direkt auf dem Ofen-Rost fertig. So wird es nicht zu dunkel.

Julietta's Küchenhelfer, Tipps und Tricks

In meiner Brust schlagen zwei Herzen. Einerseits besitze ich viele Küchengeräte, die ich zum Teil unglaublich liebe und so gerne benutze. Andererseits muss ich ehrlich gestehen, dass es vor einigen Jahren auch gut ohne diese Helfer ging. Deshalb möchte ich kurz erklären, welche Geräte für die Zubereitung der Aufstriche & Sandwichs sinnvoll und notwendig sind und welche einfach nur praktisch sein könnten.

Auf jeden Fall empfehle ich vor einer Anschaffung erstmal den Blick in den Küchenschrank, den Keller oder die Gebrauchsanweisung bereits vorhandener Geräte. Einen Grundstock an **(Rühr-) Schüsseln**, **Küchenmessern, Brettchen und Löffeln** haben Sie sicher zu Hause. Ein **Messbecher** und eine **Küchenwaage** sowie ein großes **Metallsieb zum Abtropfen** sollten ebenfalls zur Hand sein. Sehr praktisch finde ich außerdem weiche **Plastik-Spatel** zum Umrühren und vor allem sauberen Auskratzen von Schüsseln – da lohnt sich eine Anschaffung.

DIE KUNST DES ZERKLEINERNS

Ein Aufstrich muss »naturgemäß« gut zu verstreichen sein – Zerkleinern ist also eine der Hauptaufgaben in der Aufstrichküche. Was so einfach klingt, ist für begeisterte Hobbyköche eine Wissenschaft für sich! Handelt es sich um eine große oder kleine Menge, soll die Konsistenz eher grob oder besonders fein werden? Da wird nicht einfach zerkleinert, sondern geschnippelt, geraspelt, geschreddert, püriert oder gar gemahlen – und schnell ruft das Köch(innen)-Herz nach dem richtigen Gerät, um all diese Aufgaben zu bewältigen. Eine Sache habe ich für mich erkannt: Es gibt nicht DAS Gerät für alle Aufgaben, jedenfalls habe ich es noch nicht gefunden.

Raspeln, Schreddern und Co. kann man kleine Mengen auch super gut mit **Handreiben**. Ich habe so einen alten V-Hobel von Oma von der Kirmes – damit rasple ich alles fix mit der Hand.

Mit einem soliden **Pürierstab** in Kombination mit einem **Messbecher oder einem anderen schmalen und hohen Rührgefäß** sind Sie für die Rezepte im Buch schon gut gerüstet. Eine tolle Sache ist es, wenn es zum Pürierstab noch einen **Multifunktionszerkleinerer-Aufsatz** gibt. Wenn man zwischendurch immer mal wieder umrührt oder schüttelt und größere Mengen in Portionen verarbeitet, lassen sich saftige Zutaten zu cremigem Mus verarbeiten und auch trockene Zutaten gleichmäßig fein hacken. Für dieses Buch durfte ich mit einem tollen Pürierstab von Kitchen Aid arbeiten, der gleich mit viel Zubehör in einem tollen Koffer ins Haus kommt. Sehr praktisch!

Für feuchte Zutaten eignen sich auch **Standmixer (Blender).** Je nach Leistung ist aber Vorsicht geboten! Der Motor sollte nicht überbeansprucht werden.

INFOS UND HINWEISE

Die veganen und glutenfreien Rezepte sind mit äußerster Sorgfalt recherchiert worden. Besonders bei Allergien sollte trotzdem besonders darauf geachtet werden, ob die verarbeiteten Produkte und gebrauchten Küchenhelfer im benötigten Maße allergen-frei sind.

Der **elektrische Handmixer aus Ihrem Brotbackfundus** leistet auch beim Mischen von Aufstrichen gute Dienste. Falls Sie noch keinen Pürierstab haben: Manche Handmixer werden sogar mit Pürieraufsatz angeboten.

Kein Muss, aber ungemein praktisch und vielseitig: Wer eine **klassische Küchenmaschine** hat oder jemanden kennt, der seine alte abgeben will, sollte unbedingt einen Blick in die Produktbeschreibung werfen. Gute Geräte verfügen über zahlreiche Funktionen wie Raspeln, Mixen, Kneten und vieles mehr.

Um etwas vernünftig zu mahlen, braucht man aber eine richtige **Mühle**, die hat einen Mahlstein und keine Messer. Für Gewürze ist ein **Mörser** ungemein praktisch.

HEISSE SACHEN

Für zwei Rezepte wird ein **Dampfkochtopf (Schnellkochtopf)** genutzt. Ich empfehle diese Art zu kochen, da sie Energie und Kochzeit spart. Jedoch erfordert der Gebrauch etwas Gewöhnung, bis man seinen Topf entspannt und sicher händeln kann. Wir empfehlen auf jeden Fall die Gebrauchsanleitung des Herstellers aufmerksam zu lesen und beim Gebrauch anfangs immer etwas mehr Zeit einzuplanen. Sollte kein Dampfkochtopf vorhanden sein, gilt die Faustregel: Die Kochzeit verlängert sich auf das Dreifache. Aus 30 Minuten Garzeit im Schnellkochtopf werden etwa 90 Minuten.

Ein **Patisserie-Thermometer** erweist sich immer wieder auch beim Kochen als praktischer Küchenhelfer. Sobald es bei der Verarbeitung von flüssigen Zutaten um eine bestimmte Temperatur geht – egal, ob diese nicht unter- oder überschritten werden darf, oder gehalten werden muss – ist das Thermometer Gold wert. Gerade da es ja, abgesehen vom Siedepunkt, sehr schwer ist die Temperatur im Topf verlässlich einzuschätzen.

AUFSTRICHE AUFBEWAHREN

Viele meiner Aufstriche sind in **Schraub-** und **Einmachgläsern** gut haltbar: Diese kann man günstig kaufen, oder aber am besten Gläser von gekauften Essiggurken &. Co. recyceln. Dazu das Glas und den Deckel gründlich und heiß säubern. Zuvor mit heißem Wasser die Papieretiketten lösen. Aufstriche zum Verschenken und eingelegtes Gemüse gebe ich gerne in schöne, altmodische Einmachgläser mit Gummi.

Gläser sterilisieren: Damit Marmelade, Fruchtaufstrich, Chutney und eingemachtes Gemüse möglichst lange haltbar sind, müssen die Gefäße vor dem Einmachen/Einkochen steril sein. Dazu braucht man nur kochendes Wasser: Am einfachsten werden Vorratsgläser keimfrei, indem diese und auch die Deckel vor dem Befüllen kurz in einem großen Topf mit kochendem Wasser mitsieden. Alternativ können Gläser und Deckel mehrmals mit kochendem Wasser aus dem Wasserkocher übergossen werden, hierfür am besten auf ein Metallgitter in die saubere Spüle stellen. Die Teile nach dem Abkochen nicht abtrocknen – sonst werden sie wieder unsteril –, sondern auf dem Metallgitter oder einem ganz frischen Geschirrtuch abtropfen lassen.

Die Gläser nun nur noch außen anfassen. Beim Einfüllen sollte darauf geachtet werden, dass Ränder der Gläser nicht beschmiert werden, hierzu eignet sich z. B. ein Einfülltrichter mit großer Öffnung. Faustregel: Je mehr ich mich auf eine sehr lange Haltbarkeit verlassen muss/möchte, desto genauer muss ich beim Sterilisieren und danach arbeiten. Wenn ich eine kleine Menge zubereite und in kurzer Zeit plane aufzubrauchen, sollte ich diesen Schritt nicht überspringen, kann aber auch mal ein Auge zudrücken, wenn z. B. ein Klecks Marmelade auf dem Rand vom Schraubglas landet. Dann mit einem ganz frischen, sauberen Küchentuch vorsichtig entfernen.

Kapitel 1

BROT ZEIT

im Grünen

Möglichst viel vom Gemüse verwerten –
das ist nachhaltig und außerdem lecker!
Radieschen-Grün passt als würzig-frische
Garnitur zu diesem Aufstrich, aber auch
zu Suppen oder Salaten.

Radieschen-Hüttenkäse

FÜR 4 PORTIONEN

1 kleine Zucchini, 4–5 Radieschen, 200 g Hüttenkäse, 2 EL Frischkäse (Rahmstufe), Pfeffer, Salz, Cayenne-Pfeffer (scharf!) oder edelsüßes Paprikapulver, 1 TL Zitronensaft

Zubereitung

Schritt 1 Die Zucchini und die Radieschen waschen. Schönes Radieschen-Grün unbedingt aufbewahren (siehe Tipp)! Die Zucchini längs vierteln und das »kernige« Innere mit einem scharfen kleinen Löffel oder einem Messer entfernen. Die Radieschen von Strunk und Schwänzchen befreien. Bei der Zucchini den Stiel abschneiden. Radieschen und Zucchini fein raspeln.

Schritt 2 Den Hüttenkäse und den Frischkäse mit den Gemüseraspeln in einer kleinen Schüssel gut vermengen und mit Salz, Pfeffer, Cayenne und einem TL Zitronensaft abschmecken.

RADIESCHEN-LAUGEN-SCHNITTCHEN

Die Laugenbrötchen von Seite 21 schmecken köstlich zu diesem würzig-frischen Aufstrich. Mit dem fein gehackten Radieschen-Grün sehen sie nicht nur schön aus, sondern bekommen eine Extraportion Geschmack. Brötchen aufschneiden, großzügig mit dem Hüttenkäse bestreichen und das beiseitegelegte Radieschen-Grün auf den Brötchen verteilen.

ANNELIE'S TIPP

Sie können auch Brezen, Zöpfe oder runde Semmeln formen und diese mit Brezensalz bestreuen. Machen Sie ruhig die doppelte Menge, Laugengebäck lässt sich gut einfrieren und aufbacken.

Laugen-Kipferl

FÜR ETWA 10 STÜCK

500 g Weizenmehl Type 550, ½ Würfel frische Hefe (21 g),
1 TL Honig oder Zucker, 225 ml lauwarmes Wasser, 1 ¼ TL Salz, 25 g weiche Butter,
500 ml kochendes Wasser und 2 EL Natron für die Lauge

Backblech mit Backpapier

Zubereitung

Schritt 1 Das Mehl in eine Schüssel sieben, für den Vorteig in die Mitte eine Mulde drücken, die Hefe hineinbröseln und mit Honig und etwas Wasser zu einem cremigen Brei verrühren. Etwa 10 Minuten an einem warmen, zuggeschützten Ort gehen lassen, bis sich Bläschen bilden.

Schritt 2 Salz, die weiche Butter und das restliche Wasser um den Vorteig herum dazugeben und in 10 Minuten zu einem strengen Hefeteig verkneten. Er sollte sich geschmeidig anfühlen »wie ein Ohrläppchen«! Nun den Teig abdecken und etwa 1 Stunde gehen lassen, bis er sich verdoppelt hat. In der Zwischenzeit für die Lauge 2 Esslöffel Natron in kochendem Wasser auflösen. Verwendet werden kann sie dann noch heiß oder auch kalt. !Achtung ätzend: Kinder fernhalten und am besten mit Schutzbrille arbeiten!

Schritt 3 Den Teig mit einer Teigkarte in 10 Portionen teilen – nicht mehr kneten – und rund schleifen (siehe Seite 11). Um Kipferl zu formen, werden die Rundlinge leicht länglich gerollt und die Ecken mit beiden Händen etwas angespitzt.

Schritt 4 Die ausgeformten Semmeln sofort mit einem Schaumlöffel kurz in die Lauge tauchen und dann auf ein mit Backpapier ausgelegtes Blech setzen. Nochmals etwa 20 Minuten gehen lassen.

Schritt 5 Den Ofen auf 220 °C vorheizen. Die fertig aufgegangenen Kipferl mit einem scharfen Messer oder einer Rasierklinge längs aufschlitzen, runde Semmeln kreuzförmig einschneiden. Anschließend mit Schwaden (siehe Seite 12) auf der 2. Schiene von unten in den Ofen schieben. Nach 15 bis 20 Minuten sind sie fertig.

Glutenfrei!

Kopfsalat-Pesto

FÜR 1 GLAS MIT CA. 250 ML

½ Kopfsalat, 2–3 EL Haselnüsse, 3–4 EL neutrales Öl, Salz und Pfeffer

Zubereitung

Schritt 1 Für das Pesto den Kopfsalat waschen, trocken schleudern und die Blätter grob in Stücke zupfen. Falls Sie mit einem Pürierstab arbeiten, die Haselnüsse mit einem großen Messer grob hacken, das erleichtert das Pürieren.

Schritt 2 Den zerkleinerten Kopfsalat und die Haselnüsse zusammen mit dem neutralen Speiseöl in einen hohen Mixbecher geben und fein pürieren oder im Multifunktions-Zerkleinerer zu einem feinen Pesto verarbeiten. Nach Bedarf noch etwas Öl hinzugeben. Mit Salz und Pfeffer abschmecken. In ein sauberes Schraubglas füllen, die Oberfläche mit Öl bedecken und im Kühlschrank aufbewahren. Hält sauber gelagert und mit Öl bedeckt einige Tage, kann aber auch eingefroren werden.

NUSSIGE MOZZARELLA-SALAT-SCHNITTCHEN

Bratkartoffel-Brot von Seite 26 & Kopfsalat-Pesto, ½ Portion
Weitere Zutaten für 4 Brote: 1 EL Haselnüsse, 1 TL Koriandersaat, 1 TL Kreuzkümmelsaat, 1 EL Sesam, etwas Fleur de Sel oder Salz, 1 Kugel Mozzarella

Schritt 1 Für den Nusscrunch die Haselnüsse, den Koriander und den Kreuzkümmel in einer kleinen Pfanne ohne Öl bei mittlerer Hitze und unter ständigem Rühren anrösten, bis ein feines Aroma aufsteigt. Dann den Sesam dazugeben und kurz mitrösten. Die Mischung noch warm in einem Mörser zerkleinern. In einem Schälchen mit einigen Prisen hochwertigem Salz vermischen.

Schritt 2 Den Mozzarella in grobe Stücke zupfen. 4 Scheiben Brot mit Pesto bestreichen, mit etwas Mozzarella belegen und den Nusscrunch darüberstreuen.

Das Pesto schmeckt auch mit frischer Pasta. Noch ein Spritzer Zitronensaft und etwas darüber gebröselter Feta, und fertig ist die Blitz-Mahlzeit!

Vegan

Sonnenblumen-Streichquartett

GRUNDREZEPT

Zutaten für 8–10 Portionen: 250 g geschälte Sonnenblumenkerne, 10–12 EL Sonnenblumenöl, 3 EL Wasser, 3 TL Zitronensaft, etwas Salz

Die Sonnenblumenkerne in reichlich kaltem Wasser 12 Stunden einweichen. Am nächsten Tag abseihen, nochmals mit klarem Wasser spülen und mit Sonnenblumenöl und Wasser fein pürieren. Für eine Grundwürze mit Zitronensaft und etwas Salz abschmecken.

BANANEN-KOKOS-AUFSTRICH

Zutaten für 3–4 Portionen: ¼ des Grundrezeptes, 1 Banane, 1 TL Ahornsirup, 1 Spritzer Zitronensaft, 1 Handvoll geröstete Kokoschips (selber machen oder z. B. von Davert)

Die Banane schälen, grob zerkleinern und mit Ahornsirup, einem Spritzer Zitronensaft und dem Grundrezept pürieren, bis eine streichfähige Masse entsteht. Zuletzt die Kokoschips unterheben.

GRÜNKOHL-ERBSEN-AUFSTRICH

Zutaten für 3–4 Portionen: ¼ des Grundrezeptes, 20 g frische Grünkohlblätter, 3 EL Erbsen, z. B. aufgetaute TK-Erbsen, 2 TL Limettensaft, Salz und Pfeffer

Den Grünkohl waschen, trocken schleudern und zusammen mit den Erbsen und dem Grundrezept pürieren. Mit Limettensaft, Salz und Pfeffer abschmecken.

CURRY-ANANAS-AUFSTRICH

Zutaten für 3–4 Portionen: ¼ des Grundrezeptes, 3 gehäufte EL gewürfelte Dosen-Ananas, 2 TL Englisches Currypulver, ½ TL Kurkuma, Salz zum Abschmecken

Die abgetropften Ananaswürfel zusammen mit dem Grundrezept fein pürieren. Mit Curry, Kurkuma und etwas Salz abschmecken.

BLAUBEEREN-AUFSTRICH

Zutaten für 3–4 Portionen: ¼ des Grundrezeptes, 100–150 g frische Blaubeeren + 50 g für die Garnitur, 1 TL Ahornsirup, 1 TL Limettensaft

Die Blaubeeren waschen, abtropfen lassen und mit Ahornsirup, Limettensaft und dem Grundrezept fein pürieren.

SCHNITTCHEN DE LUXE

Die Dänische Butterbrot-Kultur macht es vor mit dem Smørrebrød. Blaubeeren, Erbsen, Ananaswürfel und Kokoschips im Picknickkorb machen auch Ihre bunten Butterbrote zu unwiderstehlichen Luxusschnittchen!

Glutenfrei!

Bratkartoffel-Brot

FÜR 1 KASTENBROT

60 g Amaranthmehl, 440 g fein gemahlener Buchweizen, 1 EL Salz, 3 EL Bratkartoffel-Gewürz, alternativ Bruschettagewürz, 60 g gemahlene Hanfsamen, 100 g Saatenmix (Leinsaat, Sesam, Hanfsamen), ½ Würfel (21 g) frische Hefe, 600 ml lauwarmes Wasser, 2 TL Honig, etwas Saatenmix zum Bestreuen

Kastenform 30 cm, mit Backpapier ausgelegt

Zubereitung

Schritt 1 Amaranth- und Buchweizenmehl, Salz, Gewürz, Hanfsamen und Saatenmix in eine Schüssel geben und durchmischen. Die Hefe mit dem lauwarmen Wasser und dem Honig verrühren, bis sie sich aufgelöst hat, dann das Hefewasser zur Mehl-Saaten-Mischung gießen und alles mit einem Kochlöffel sorgfältig verrühren.

Schritt 2 Eine Kastenform mit Backpapier auslegen und etwas Saatenmix auf dem Boden verteilen. Den Teig einfüllen, die Form mit einem feuchten Tuch abdecken und mindestens 1 Stunde an einem warmen, zuggeschützten Ort gehen lassen, bis der Teig sich deutlich wölbt. Dieser Teig muss nur einmal gehen, dafür aber gründlich. Den Ofen rechtzeitig auf 240 °C vorheizen.

Schritt 3 Das fertig aufgegangene Brot auf der zweiten Schiene von unten in den 240 °C heißen Ofen schieben und die Temperatur sofort auf 200 °C reduzieren. Etwa 50 Minuten backen, dann das Brot aus der Form nehmen und im ausgeschalteten Ofen ausdampfen lassen.

ANNELIE'S TIPP

Sie können diesen Teig auch über Nacht im Kühlschrank gehen lassen.

Ciabatta

FÜR 1 BROT

Für den 1. Teig: 225 g Weizenmehl Type 550, 7 g Würfelhefe, 100 ml lauwarmes Wasser
Für den Hauptteig: 15 g frische Hefe, 200 ml lauwarmes Wasser, 300 g Weizenmehl Type 550, 1 TL Salz, 2 TL Milchpulver (falls vorhanden), 1 EL Sonnenblumenöl

Backblech, mit Mehl bestreut

Zubereitung

Schritt 1 Etwa 12 Stunden vor dem Backen aus den Zutaten für den 1. Teig einen geschmeidigen Teig kneten und diesen in Folie gewickelt an einem warmen Ort ruhen lassen.

Schritt 2 Am Backtag in einer großen Schüssel 15 g Hefe in 200 ml lauwarmem Wasser auflösen, dann den Vorteig mit einarbeiten, bis eine dickflüssige Masse entsteht. Das Mehl mit Salz und Milchpulver vermischen und nach und nach dazugeben, dabei den Teig kräftig mit den Händen oder Knethaken durcharbeiten.

Schritt 3 Anschließend das Öl dazugegeben und mindestens 10 Minuten ohne Mehlzugabe kneten, bis der Teig geschmeidig und glänzend ist. Der Teig ist richtig, wenn er die Schüssel selber »putzt«. Abgedeckt in der Schüssel mindestens 2 Stunden bei etwa 26 °C gehen lassen, bis er sich verdoppelt hat.

Schritt 4 Kurz vor Ende der Gehzeit das Backblech im Ofen etwas anwärmen, dann mit Mehl bestäuben, den Teig direkt aus der Schüssel darauf stürzen und mit bemehlten Händen – der Teig ist jetzt sehr weich – in eine längliche Form ziehen (etwa 30 × 15 cm), nicht mehr kneten! Die Teigränder unter den Teig einschlagen, das gibt die typischen dicken Kanten!

Schritt 5 Das Ciabatta mit Mehl bestäuben, und abgedeckt nochmals 45 Minuten gehen lassen. Rechtzeitig den Ofen auf 240 °C vorheizen. Mit kräftig Schwaden (siehe Seite 12) 10 Minuten auf der 2. Schiene von unten backen, dann den Dampf aus dem Ofen lassen, die Hitze auf 200 °C reduzieren und in 15 Minuten fertig backen. Klopfprobe nicht vergessen! Auf einem Gitter auskühlen lassen.

BLITZ-PICKNICK

Für ein Picknick im Grünen einfach ein Ciabattabrot von Seite 27, ein Stück Brie, ein Glas Chutney und ein paar frische, gewaschene Aprikosen, Nektarinen oder Stachelbeeren einpacken. Messer und Löffel nicht vergessen!

Stachelbeer-Aprikosen-Chutney

FÜR ETWA 2–3 GLÄSER À 250 ML

400 g frische Aprikosen, 1 Nektarine, 200 g Stachelbeeren, 1 Zwiebel, 1 kleines Stück Ingwer (ca. 25 g), 5 Softaprikosen, 2 EL neutrales Öl, z. B. Rapsöl, 300 g Zucker, 50 ml Weißweinessig, ½ TL Senfkörner, 4 Tasmanische Pfefferkörner, 1 Prise Salz

Ausreichend vorbereitete Einmachgläser *(siehe Seite 15)*

Zubereitung

Schritt 1 Die Aprikosen und die Nektarine kreuzweise mit einem Messer anritzen, in einem Topf mit kochendem Wasser überbrühen und kurz stehen lassen, bis sich die Haut leicht abzuschälen beginnt. Dann die Früchte in sehr kaltem Wasser abschrecken. Nun lassen sie sich ganz leicht häuten. Die Steine entfernen und die Früchte in kleine Stückchen schneiden.

Schritt 2 Die Stachelbeeren waschen, abtropfen lassen, Stiele und Blütenreste entfernen, dann halbieren. Die Zwiebel schälen und fein würfeln, den Ingwer schälen und fein hacken. Die Softaprikosen ebenfalls klein würfeln.

Schritt 3 Die Zwiebel und den Ingwer in Öl in einem großen Topf glasig andünsten, dann die frischen sowie die getrockneten Aprikosen hinzufügen. Alles gut vermischen und einige Minuten weiterdünsten.

Schritt 4 Nun den Zucker hinzufügen und rühren, bis er vollständig aufgelöst ist. Dann können die restlichen Früchte mit in den Topf. Alles einmal durchmischen und mit 50ml Weißweinessig ablöschen. Die Senf- und Pfefferkörner und eine Prise Salz hinzufügen. Circa 30 Minuten unter häufigem Umrühren einkochen lassen.

Schritt 5 Das fertig eingekochte Chutney noch heiß in die vorbereiteten Gläser füllen und diese fest verschließen. Das Chutney ist nun mehrere Monate haltbar. Nach dem Öffnen im Kühlschrank aufbewahren.

JULIETTA'S TIPP

Geht Euch das auch so? Wenn ich etwas mit Wirsing koche, dann ist oft ein ganzer Wirsing zu viel und es bleibt immer etwas übrig. Und Karotten habe ich eigentlich immer im Haus. Aus beiden Zutaten lässt sich im Herbst mit wenig Aufwand ein ganz besonderer Aufstrich zaubern, der obendrein noch saisonal ist.

Wirsing-Mascarpone

FÜR 4 PORTIONEN

6 große Wirsingblätter, 2–3 Karotten, 1 ½ EL eingelegte Kapern, 250 g Mascarpone, 2 EL Zitronensaft, Salz und frisch gemahlener schwarzer Pfeffer zum Abschmecken

Zubereitung

Schritt 1 Die Wirsingblätter 3–4 Minuten in Salzwasser blanchieren, dann kalt abschrecken. Gut abtropfen und abkühlen lassen. Vielleicht sind ja noch einige gekochte Wirsingblätter von einem anderen Gericht übrig, das spart einen Schritt! Dann die Blätter über Nacht gekühlt aufbewahren. Inzwischen die Karotten schälen und in sehr kleine, feine Stückchen schneiden oder mit einer etwas gröberen Reibe raspeln. Die Kapern grob hacken.

Schritt 2 Die abgekühlten Wirsingblätter erst längs in dünne Streifen, dann quer in feine Stückchen schneiden. In einer kleinen Schüssel Mascarpone mit Zitronensaft glatt rühren, dann den Wirsing, die Karottenwürfel und die Kapern unterheben und den Aufstrich mit Salz und Pfeffer abschmecken.

WANDERER-BROTZEIT

Dinkel-Hafer-Kasten von Seite 47 & Wirsing-Karotten-Mascarpone

Wirsing-Karotten-Mascarpone großzügig auf die Brotscheiben verstreichen. Nach Geschmack noch mit Kapern, gehacktem Wirsing oder geraspelten Karotten garnieren. Mit Deckel die perfekte Brotzeit für die nächste Herbstwanderung!

Körnerbrötchen-Radl

FÜR 1 RAD MIT 10 BRÖTCHEN

350 g Weizenmehl Type 550, 1 Würfel (42 g) frische Hefe, 1 TL Salz, 2 EL Sonnenblumenöl, 100 g Sauerteig (oder 1 EL Trockensauerteig und 80 ml Wasser), 200 ml lauwarmes Wasser, 50 g grobe Dinkelflocken, 50 g Saatenmix (z. B. Sonnenblumenkerne, Leinsaat, Sesam …) + 50 g zum Bestreuen

Backblech mit Backpapier

Zubereitung

Schritt 1 Das Mehl in eine Schüssel sieben. Für den Vorteig in die Mitte eine Mulde drücken, die Hefe hineinbröseln, mit etwas lauwarmem Wasser zu einem cremigen Teig verrühren. An einem warmen, zuggeschützten Ort etwa 10 Minuten gehen lassen, bis sich Bläschen bilden.

Schritt 2 Die restlichen Zutaten um den Vorteig herum hinzufügen und mit der Küchenmaschine oder dem Mixer in etwa 10 Minuten zu einem geschmeidigen Teig verarbeiten: Erst langsam kneten, dann schneller, bis er »schmatzt« und sich vom Schüsselrand löst. Falls der Teig sehr weich ist, noch etwas Mehl hinzufügen. Die Konsistenz sollte einem mittelfesten Hefeteiges entsprechen.

Schritt 3 Den Teig abgedeckt in einer Schüssel etwa 1 Stunde gehen lassen, bis er sich verdoppelt hat. Dann auf die Arbeitsfläche stürzen, mit einer Teigkarte in 10 Portionen teilen und diese rund schleifen (siehe Seite 11). Die Teigbälle kleben dann ganz leicht. Sofort in die verschiedenen Saaten drücken und auf ein mit Backpapier ausgelegtes Backblech setzen. Einzeln mit gleichmäßigem Abstand oder für ein Brötchenrad drei Teiglinge in die Mitte, die restlichen ringförmig ohne Lücke außen herum.

Schritt 4 Die Brötchen nochmals etwa 20 Minuten abgedeckt gehen lassen. Den Backofen rechtzeitig auf 220 °C vorheizen. Dann das Blech auf der 2. Schiene von unten mit ordentlich Schwaden (siehe Seite 12) in den Ofen schieben. Nach 10 Minuten den Dampf entweichen lassen und noch etwa 10 Minuten goldbraun fertig backen. Auf einem Gitter auskühlen lassen.

Sellerie-Senf-Creme

FÜR 3–4 PORTIONEN

3 Stangen Staudensellerie, 1 EL Salatcreme, alternativ Mayonnaise, 1 EL mittelscharfer Senf, 2 EL Quark (20 % Fettanteil), ½ TL weißer Pfeffer

Zubereitung

Schritt 1 Den Staudensellerie waschen und in feine Scheiben hobeln. Salatcreme, Senf und Quark in einer Schüssel vermischen. Den gehobelten Sellerie hinzufügen und mit Pfeffer würzen.

HERZHAFTE SELLERIE-TRUTHAHN-BRÖTCHEN

Körnerbrötchen von Seite 32 & Staudensellerie-Senf-Creme
Weitere Zutaten für 4 Brötchen: einige Salatblätter, 2–3 Tomaten, 10–12 Scheiben Truthahnbrust

Schritt 1 Den Salat waschen und trocken schleudern. Die Tomaten waschen, den Strunk entfernen und in Scheiben schneiden.

Schritt 2 Die Körnerbrötchen halbieren, nach Möglichkeit an den Schnittflächen antoasten und beide Hälften großzügig mit Staudensellerie-Dip bestreichen. Mit Truthahnbrust-Aufschnitt, Tomatenscheiben und Salat belegen.

JULIETTA'S TIPP

Ich mag es auch gerne vegetarisch mit jungem Gouda oder einem anderem milden Käse.

gluten free

Kapitel 2

Frischer WIND IN DER Lunchbox

SCHON GEWUSST?

Ajvar ist ein rotes Paprika-Mus, das vor allem in den Küchen der Länder des ehemaligen Jugoslawien, Südeuropas und der Türkei verbreitet ist.

Spicy Ajvar-Quark

FÜR 4 PORTIONEN

1–2 EL eingelegte Jalapeños, 100 g Frischkäse (Doppelrahmstufe), 100 g Quark (20 % Fett), 1–2 TL Ajvar, ½ TL Jalapeño-Sud, ½ TL Ahornsirup, Salz zum Abschmecken

Zubereitung

Schritt 1 Die Jalapeños abtropfen lassen und in Scheibchen schneiden. Zusammen mit allen anderen Zutaten in einer kleinen Schüssel vermischen und mit etwas Salz abschmecken.

PIKANTES FETA-TOMATEN-BRÖTCHEN

1 Kartoffelbrötchen von Seite 107 & Jalapeño-Quark (¼ der Rezeptmenge)
Weitere Zutaten: 2–3 Blätter Romana-Salat, ½ Tomate, 1–2 EL eingelegte Jalapeños, 50 g Feta

Schritt 1 Den Salat waschen und trocken schütteln. Die Tomate waschen, den Stielansatz entfernen und Scheiben schneiden. Die Jalapeños in Scheibchen schneiden. Den Feta zerbröseln.

Schritt 2 Das Kartoffelbrötchen aufschneiden, die untere Hälfte mit Salatblättern belegen. Großzügig den Quark auf beide Brötchenhälften verteilen. Die untere Hälfte reichlich mit Feta bestreuen, Jalapeños und Tomatenscheiben darüber schichten, Deckel drauf und schmecken lassen!

LUNCHBOX-IDEE

Mit in die Lunchbox passen prima kleine, gewaschene Kirschtomaten oder ein paar eingelegte, abgegossene Oliven.

Vollkorn-Rollenbrot

FÜR 2 KLEINE BROTE

Für das Anstellgut: 160 g grober Dinkelvollkornschrot, 110 ml 28 °C warmes Wasser, 1 Tüte (10 g) Dinkelsauerteig-Extrakt

Für das Brühstück: 120 g Dinkelflocken, 250 g Dinkelschrot, 1 gehäufter EL (22 g) Salz, 450 ml kochendes Wasser

Für den Hauptteig: 200 g Dinkelvollkornmehl, 30 g Kartoffelflocken, 25 g Hefe, 30 g Zuckerrübensirup, 300 ml zimmerwarmes Dinkelmalzbier, 1 EL Butter und 10–12 EL Kürbiskörner für die Formen

2 backofentaugliche 1 Liter-Emaille-Kannen oder Kastenform 35 cm

Zubereitung

Schritt 1 Für das Anstellgut am besten am Morgen des Vortags den Schrot mit 28 °C warmem Wasser übergießen, den Trockensauerteig untermischen und abgedeckt mindestens 16 Stunden bei etwa 28 °C reifen lassen. Für das Brühstück am Vorabend Dinkelflocken, Dinkelschrot und Salz mischen, mit dem kochenden Wasser überbrühen und etwa 8 Stunden quellen lassen.

Schritt 2 Das Anstellgut und das Brühstück in einer großen Schüssel gut vermischen. Nun die restlichen Zutaten hinzufügen und 12 bis 15 Minuten mit der Küchenmaschine oder dem Mixer langsam kneten. Dann noch 1 bis 2 Minuten schnell kneten, bis die Masse glatt ist. Den Teig 30 Minuten an einem warmen Ort rasten lassen, er geht in diesem Fall nicht auf, sondern bleibt feucht und kompakt. In der Zwischenzeit die Formen mit Butter einfetten und die Böden mit reichlich Kürbiskernen bestreuen. Es soll ein richtiges »Körnerbett« entstehen, damit die Brotrollen nicht am Boden festkleben.

Schritt 3 Nach der Ruhezeit den Teig in 2 Portionen teilen und mit den Händen in die passende Form drücken, in reichlich Kürbiskernen wälzen und in die Backform einlegen. Die Brote abgedeckt mindestens 1 Stunde gehen lassen, bis der Teig sich deutlich vermehrt hat. Den Backofen rechtzeitig auf 240 °C vorheizen.

Schritt 4. Die Brote auf der 2. Stufe von unten in den heißen Ofen einschieben. Nach 10 Minuten die Temperatur auf 200 °C reduzieren und circa 40 Minuten weiterbacken. Dann die Brote aus den Formen nehmen, dazu mit einem Messer die Ränder lockern, und bei 150 °C auf dem Rost noch etwas weiterbacken lassen, bis sie hohl klingen. Auf einem Gitter vollständig auskühlen lassen.

Eingelegte Paprika

FÜR 6–8 PORTIONEN

200 ml Essig, 300 ml Wasser, 80 ml Öl, 1 Lorbeerblatt, 7 Nelken, 150 g Zucker, 1 ½ TL Salz, ½ TL Senfkörner, 500–600 g rote und orange Paprikaschoten

1–2 vorbereitete große Einmachgläser mit Gummi (siehe Seite 15)

Zubereitung

Schritt 1 Für den Sud in einem Topf alle Zutaten bis auf die Paprikaschoten aufkochen. In der Zwischenzeit die Paprikaschoten waschen, halbieren, den Strunk, die Kerne und die weißen Rippen entfernen. Dann längs in Streifen schneiden.

Schritt 2 Die Paprika-Streifen in den kochenden Sud geben und 5 Minuten mitkochen lassen. Die Paprika dann mit einem Schaumlöffel herausfischen und den Sud nochmals aufkochen lassen. Die Paprika in ein Einmachglas geben, mit heißem Sud auffüllen und mit Einmachgummi, Glasdeckel und den Verschlüssen verschließen. Hält ungeöffnet mehrere Monate.

KÄSE-PAPRIKA-TÜRMCHEN

Vollkorn-Rollenbrot von Seite 41 & Eingelegte Paprika
Weitere Zutaten: Einige Scheiben Gouda oder anderer buttriger Käse, z.B. Provolone, Butter, Salz, Pfeffer, Brunnenkresse

Schritt 1 Für die kleinen hohen Häppchen stechen Sie mit einem runden Ausstecher kleine Kreise aus Brotscheiben und Käse. Für die große flache Variante mit einem runden Schälchen den Käse auf Größe der Brotscheiben zuschneiden.

Schritt 2 Die Brotscheiben mit Butter bestreichen, leicht salzen und pfeffern, mit einer Käsescheibe, etwas eingelegter Paprika und etwas Brunnenkresse belegen. Für die Türmchen bis zur gewünschten Höhe stapeln, mit einer unbelegten Scheibe Brot abschließen und am besten mit einem Spießchen stabilisieren.

LUNCHBOX-IDEE

Mit in die Lunchbox passen prima noch ein paar Cornichons oder Weintrauben. Für die Büro-Party mit Retro-Charme die Mini-Version der Türmchen mit Käse-Trauben-Spießchen kombinieren.

»Falsche Butter« aus Hanf

Vegan

HANFBUTTER GRUNDREZEPT

Zutaten für etwa 4 Portionen: 100 g geschälte Hanfsamen in Rohkostqualität, 2 EL hochwertiges Rapsöl

Schritt 1 Die Hanfsamen mit 2 EL hochwertigem Rapsöl in einem hohen Mixbecher fein pürieren, bis eine streichfähige Masse entsteht. Diese kann wie Butter auf dem Brot gegessen oder nach Geschmack mit weiteren Zutaten verfeinert werden.

TIPP: Hanfsamen gehören zu den hochwertigsten Ölfrüchten überhaupt und werden an der Luft schnell ranzig. Luftdicht verschlossen und gekühlt gelagert halten sie aber viele Wochen.

ZUCCHINI-RUCOLA-BUTTER

Zutaten für 4–6 Portionen: 1 Grundrezept Hanfbutter, 1 kleine Zucchini, 2 Handvoll frischer Rucola, Salz zum Abschmecken

Schritt 1 Eine Portion Hanfbutter wie im Grundrezept beschrieben zubereiten. Die Zucchini waschen, trocknen, längs vierteln und die Kerne großzügig herausschneiden. Die entkernten Viertel in Stücke schneiden.

Schritt 2 Rucola waschen, trocken schleudern und grob zerkleinern. Zusammen mit der Zucchini, und der Hanfbutter fein pürieren. Mit Salz abschmecken. Noch am gleichen Tag aufbrauchen.

TIPP: Mit Kräutern und Knoblauch gibt die Zucchini-Rucola»butter« eine tolle vegane Kräuterbutter-Alternative ab! Aufgrund der rohen Zutaten gekühlt lagern und innerhalb von 2 Tagen aufbrauchen.

LUNCHBOX-IDEE

Dazu passen selbst gezogene Rucola-Sprossen und das Brot von Seite 46. Mit dieser Super-Food-Kombi starten Sie nach der Mittagspause garantiert durch!

Herzhaftes Krustenbrot

FÜR 1,5 KG BROT

400 g Roggenmehl Type 1150, 350 g Weizenmehl Type 550, 1 Würfel (42 g) frische Hefe, 1 TL Zucker, 100 ml lauwarmes Wasser für den Vorteig, 3 TL Salz, 4 TL Brotgewürz (Fenchel, Koriander, Kümmel), 150 g Roggensauerteig, 500 ml lauwarmes Wasser, etwas Mehl zum Arbeiten

Gärkörbchen 1500 g, Backblech mit Backpapier

Zubereitung

Schritt 1 Die Mehle in eine große Schüssel sieben, für den Vorteig in die Mitte eine Mulde drücken, die Hefe hineinbröseln und mit Zucker und dem lauwarmen Wasser zu einem cremigen Teig rühren. Abgedeckt an einem warmen, zuggeschützten Ort etwa 10 Minuten gehen lassen, bis sich Bläschen bilden.

Schritt 2 Salz, Brotgewürze, den Sauerteig und weitere 500 ml lauwarmes Wasser rund um den aufgegangenen Vorteig in die Schüssel geben und alles in etwa 10 Minuten gründlich zu einem Teig kneten, der sich ballt, glänzend und geschmeidig ist. Nun abgedeckt in der Schüssel etwa 40 Minuten gehen lassen, bis sich der Teig verdoppelt hat.

Schritt 3 Das Brot rund wirken (siehe Seite 11) und etwas Mehl direkt auf den Schluss stäuben, damit das Brot später schön aufreißt. Das Gärkörbchen reichlich mit Mehl ausstreuen und den Laib mit dem Schluss nach unten hineinlegen. Abgedeckt etwa 1 Stunde gehen lassen, bis sich der Teig verdoppelt hat. Rechtzeitig den Backofen auf 250 °C vorheizen.

Schritt 4 Den gegangenen Teig behutsam auf das mit Backpapier ausgelegte Blech stülpen, der offene Schluss zeigt jetzt nach oben. Sofort mit Schwaden (siehe Seite 12) in den heißen Ofen schieben. Nach 10 Minuten den Dampf entweichen lassen und die Temperatur auf 180 °C reduzieren. In weiteren 30 bis 40 Minuten fertig backen, dann klingt es bei der Klopfprobe hohl. Auf einem Gitter auskühlen lassen.

Dinkel-Hafer-Kasten

FÜR 1,5 KG BROT

350 g gekochte Dinkelkörner oder Dinkelkernotto (geschälter Dinkel) vom Vortag, 800 g Dinkelmehl Type 630, 200 g Hafermehl, 7 g frische Hefe, 1 TL Rohrohrzucker, 100 ml lauwarmes Wasser für den Vorteig, 2 TL Salz, 500 ml lauwarmes Wasser, 1 Msp. gemahlener Galgant, 1 Msp. gemahlener Bertram, ½ TL gemahlener Fenchelsamen, ½ TL gemahlener Mutterkümmel

Große Kastenform 35 cm, mit Backpapier ausgelegt

Zubereitung

Schritt 1 Am Vortag die Dinkelkörner nach Packungsanweisung gar kochen, in einem Sieb abtropfen und auskühlen lassen.

Schritt 2 Das Dinkel- und das Hafermehl in eine große Schüssel sieben und mischen. Für den Vorteig in die Mitte eine Mulde drücken, die Hefe hineinbröseln, den Rohrohrzucker dazugeben und mit 100 ml lauwarmem Wasser zu einem weichen Brei verrühren. Etwa 10 Minuten an einem warmen, zuggeschützten Ort gehen lassen, bis sich Bläschen bilden.

Schritt 3 Das Salz in 500 ml lauwarmem Wasser auflösen, zusammen mit den gekochten Dinkelkörnern und den Gewürzen um den Vorteig herum in die Schüssel geben. Alles zu einem weichen, geschmeidigen Teig verarbeiten und noch gute 10 Minuten kneten. Dazu am besten auf der Arbeitsfläche den Teig mit der Hand wie beim Rundwirken von Seite 11 immer von innen nach außen und dann wieder in die Mitte ziehen. Er sollte sich von den Händen und von der Arbeitsfläche lösen und sich gut binden.

Schritt 4 Den Teig nun rundwirken, zu einem länglichen Laib formen und mit dem Schluss nach oben in eine mit Backpapier ausgelegte Kastenform geben. Gut zugedeckt etwa 1 Stunde gehen lassen, bis er sich verdoppelt hat. Rechtzeitig den Ofen auf 240 °C vorheizen.

Schritt 5 Das Brot auf der 2. Schiene von unten in den Ofen schieben, nach 5 Minuten die Temperatur auf 180 °C reduzieren und in weiteren 50 Minuten fertig backen. Klopfprobe! Auf einem Gitter auskühlen lassen.

gluten free

Rührei-Patty

Glutenfrei!

FÜR 2 PORTIONEN

4 Eier, 40 ml Milch, ½ Bund Schnittlauch, ¼ TL Salz, etwas neutrales Öl zum Braten

Zubereitung

Schritt 1 Die Eier aufschlagen und in einem hohen Mixbecher mit 40 ml Milch pürieren. So entsteht eine schaumige hellgelbe Masse. Den Schnittlauch abbrausen, trocken schütteln und in feine Röllchen schneiden. Mit etwas Salz unter die Eiermasse ziehen.

Schritt 2 In einer kleinen Pfanne (18–22 cm Durchmesser) etwas Öl erhitzen und die Eiermilch hinzugeben. Anfangs hin und wieder die stockende Masse vorsichtig mit einem Pfannenwender hin- und herschieben. Wenn etwa die Hälfte gestockt ist, die Masse ruhen lassen, damit sie im Ganzen fest wird. Am besten kurz einen Deckel auf die Pfanne geben. Wenn die Oberfläche nur noch leicht feucht aussieht, vorsichtig wenden und noch kurz fertig braten. Auf einem Teller auskühlen lassen.

BENTO-PAUSEN-BOX

Aus dem Mais-Brot von Seite 51 und dem Rührei-Patty lässt sich eine Lunchbox der besonderen Art zaubern: eine Bento-Box. In Japan heißen so Mahlzeiten zum Mitnehmen. Oft werden die Bentos aufwendig dekoriert, sodass die »Brotzeit« dann aussieht wie ein Tier oder eine bekannte Cartoon-Figur.
Was Sie sonst noch brauchen für 1 Box: 1 große Karotte, 1 ½ EL Frischkäse, Rohkost, z. B. gewaschene Kirschtomaten, gewaschene Weintrauben ohne Kerne, gewaschene und geschnittene Radieschen, Schablonen oder Keksausstecher und eine Prise Fantasie.
Zur Hilfe habe ich mir ein Papier in der Größe der Innenfläche der Lunchbox ausgeschnitten und die Figur vorgezeichnet. Für die größere Figur habe ich einfache Formen mit Hilfe einer Tasse und eines Küchenmessers erst aus dem Brot und dann aus dem Ei-Patty ausgeschnitten. Der Kreativität sind keine Grenzen gesetzt.
Die Brot-Figuren mit Frischkäse oder auch Butter bestreichen, das zugehörige Patty auflegen und leicht andrücken. Manche Bereiche wie hier die Kochmütze aussparen. Augen aus Radieschen und eine Nase aus den Karotten-Resten gestalten. Jetzt die Brotboxen noch mit reichlich gesunden Rohkost-Snacks füllen. Nicht nur was für Kinder!

Dieses Rezept ist ganz einfach vorzubereiten: Den 1. Teig morgens vor der Arbeit ansetzen, nach Feierabend kommen die Zutaten für die 2. Stufe dazu. Am Backtag selbst die restlichen Zutaten einkneten.

Mais-Brot

Glutenfrei!

FÜR 1 KASTENBROT

Für den 1. Teig: 50 g Anstellgut: flüssiger Sauerteig oder 50 ml Wilde Hefe (Seite 52) oder ½ Tüte Quinoasauerteig-Extrakt, 70 g Reismehl, 90 g Buchweizenmehl, 250 ml lauwarmes Wasser
Für die 2. Stufe: 50 g Maismehl, 50 g Buchweizenmehl, ½ EL Flohsamenschalen, 100 ml lauwarmes Wasser
Für die 3. Stufe: 200 g Buchweizenmehl, 150 g Maismehl, 2 EL Flohsamenschalen, 2 EL Chiasamen, 500 ml lauwarmes Wasser.

1 Königskuchenform und etwas Buchweizenmehl zum Ausstreuen

Zubereitung

Schritt 1 Für den 1. Teig in einer Schüssel mit Deckel Anstellgut, Reismehl und Buchweizenmehl mit 250 ml lauwarmem Wasser verrühren und mindestens 8 Stunden abgedeckt an einem warmen Ort reifen lassen.

Schritt 2 Nach der ersten Reifephase die Zutaten für die 2. Stufe mit in die Schüssel geben und alles gut vermischen. Abdecken und weitere 12 Stunden an einem warmen Ort ruhen lassen.

Schritt 3 Die restlichen Zutaten in den Teig einarbeiten und diese Mischung in eine mit Buchweizenmehl ausgestreute Kastenform füllen, die Oberfläche mit nassen Händen glatt streichen.
Mit einem feuchten Tuch bedeckt an einem warmen, zuggeschützten Ort mindestens 1 Stunde gehen lassen, bis er sichtlich aufquillt. Den Ofen rechtzeitig auf 220 °C vorheizen. Das fertig aufgegangene Brot etwa 40 Minuten backen, noch warm aus der Kastenform nehmen und auf einem Gitter auskühlen lassen.

Glutenfrei Backen

Normalerweise bin ich kein Fan von glutenfreien Broten, aber für dieses Buch habe ich mich auf Neuland gewagt. Meine beiden Rezepte, das Mais-Brot von Seite 51 und das Bratkartoffel-Brot von Seite 26, sind simpel in der Zubereitung, aber einmalig im Geschmack!

BACKEIGENSCHAFTEN VON GLUTENFREIEN MEHLEN

Brote aus glutenfreien Mehlen sind oft trocken und bröselig, weil das Klebereiweiß fehlt. Lassen Sie deshalb die Teige grundsätzlich sehr lange gehen, so bekommen Sie etwas Säure und Nässe in das Brot.

Chiasamen, Quinoa, Flohsamen oder Leinsamen sind nicht nur leckere und gesunde Backzutaten, die bekannten Quellstoffe binden auch sehr viel Wasser. Sie machen das Brot dadurch nicht nur schön saftig, sondern auch weniger bröselig, denn die Schleimstoffe wirken wie eine Art Gelatine.

TRIEBMITTEL FÜR GLUTENFREIES BACKEN

Viele Brote kann man ganz einfach mit Hefe backen. Für Sauerteigbrote gibt es mittlerweile in gut sortierten Reformhäusern auch glutenfreie Sauerteige wie den Quinoa-Sauerteig. Im Zuge meiner Recherchen bin ich auf ein großartiges Buch gestoßen: Glutenfreies Brot – Rezepte für gesunden Genuss. Das Rezept für die wilde Hefe durfte ich freundlicherweise für unser Buch verwenden (aus: Jessica Frej/Maria Blohm, Glutenfreies Brot. Rezepte für gesunden Genuss. Aus dem Schwedischen übersetzt von Ricarda Essrich © Jan Thorbecke Verlag der Schwabenverlag AG, Ostfildern 2014 www.verlagsgruppe-patmos.de):

WILDHEFE

Für 1 Ansatz: 125 g getrocknete Aprikosen oder Feigen, 50 g Honig, 25 g Zucker, 250 ml lauwarmes Wasser

Es ist zwar ganz einfach, selbst Hefe herzustellen, aber man braucht ein wenig Zeit dafür. Mit Wildhefe als Backtriebmittel bekommt das Brot einen anderen Charakter als mit normaler gekaufter Hefe. Sehen Sie sich das Sauerteigbrot auf Seite 42 an, dort haben wir Wildhefe verwendet.

- Die Zutaten in einem sauberen Glasgefäß mit lose aufsitzendem Deckel vermischen. Es ist wichtig, dass der Deckel nicht dicht abschließt, denn sonst kann das Glas platzen, wenn die Wildhefe zu gären beginnt.
- Das Glas an einen Ort stellen, der etwas mehr als Zimmertemperatur hat, z. B. neben den Herd, auf die Heizung oder auf den Kühlschrank.
- 4–6 Tage lang das Glas morgens und abends schütteln. Die Wildhefe kann verwendet werden, wenn die Feigen oder Aprikosen an die Oberfläche aufgetrieben und von einem weißen Schaum umgeben sind. Die Flüssigkeit im Glas erinnert dann an ein kohlensäurehaltiges Getränk, bei dem Bläschen an die Oberfläche steigen. Die Wildhefe sollte leicht nach Wein, Bier oder Alkohol riechen.
- Dann die Früchte abseihen und die Flüssigkeit aufheben. Wenn Sie nicht die ganze Flüssigkeit sofort verwenden, heben Sie diese in einem sauberen Glasgefäß im Kühlschrank auf. Dort hält die Hefe sich etwa 2 Monate.
- Wenn Sie Wildhefe verwenden, die im Kühlschrank stand, nehmen Sie sie am Abend vorher heraus, sodass sie bei Zimmertemperatur zum Leben erwachen kann.

Familienbrot

FÜR 1 KASTENBROT

280 g Dinkelmehl Type 1050, 230 g Roggenvollkornmehl, 180 g fein gemahlener Sechskornschrot aus Dinkel, Gerste, Hafer, Hirse, Kamut, Weizen, 100 g Sonnenblumenkerne oder gehackte Walnüsse, 1 ½ TL Salz, 1 ½ TL Zucker, 15 g Trockensauerteig, 11 g Trockenhefe oder 1 Würfel (42 g) frische Hefe, ½ l zimmerwarme Buttermilch

Eine Kastenform 35 cm und etwas Butter und Mehl für die Form

Zubereitung

Schritt 1 Bei diesem Rezept ist kein Vorteig nötig. Alle trockenen Zutaten in einer großen Schüssel sorgfältig vermischen, falls Sie mit frischer Hefe arbeiten, diese hineinbröseln, dann die zimmerwarme Buttermilch einrühren. Die Flüssigkeit sollte nicht eiskalt sein, da sonst die Hefe nicht arbeiten kann. Alles etwa 8 Minuten mit dem Knethaken bearbeiten, bis ein geschmeidiger Teig entsteht.

Schritt 2 Den Boden der Kastenform buttern und großzügig mit Mehl oder Dinkelflocken ausstreuen. Den Teig in die so vorbereitete Form geben und an einem warmen, zuggeschützten Ort etwa eine Stunde gehen lassen, bis der Teig sich deutlich wölbt. Alternativ können Sie den Teig über Nacht im Kühlschrank gehen lassen und erst am nächsten Tag backen. Der Geschmack verändert sich etwas, wird kräftiger.

Schritt 3 Die Kastenform mit dem fertig aufgegangenen Brot auf der zweiten Schiene von unten in den kalten Ofen schieben und auf 220 °C einstellen. Nach etwa 40 Minuten zurückschalten auf 170 °C, das Brot aus der Kastenform nehmen, auf das Gitter legen und weitere 10 Minuten backen.

ANNELIE'S TIPP

Dieses Rezept eignet sich auch super für den Backautomaten. Auf Basis und Vollkornbrot einstellen, alle Zutaten einfüllen. Fertig!

70ties-Hühnersalat

FÜR 4 PORTIONEN

2 Hähnchenbrustfilets, ½ Zwiebel, 1 Bund Suppengemüse, 1 Lorbeerblatt, 1 TL Pfefferkörner oder ca. 250 g ausgelöstes Hähnchenfleisch vom Kochen einer Hühnerbrühe, 1 kleine Dose (Abtropfgewicht 175 g) Mandarinchen (Saft auffangen!), 2 EL Joghurt (1,5 % Fett), 2 EL Mayonnaise, 1 TL Englisches Currypulver, ½ Glas ganze Champignons (Abtropfgewicht 100–130 g), 50–70 g gewürfelte Dosenananas, Salz und weißer Pfeffer zum Abschmecken

Zubereitung

Schritt 1 Sie haben gerade kein »Rest-Fleisch« vom Kochen einer Hühnerbrühe da? Dann Kochen Sie alternativ Hühnerbrustfilets weich und faserig. Dazu in einem Dampfkochtopf eine ungeschälte halbe Zwiebel auf der Schnittseite etwas anbraten lassen, bis sie dunkel wird. Mit 500 ml Wasser ablöschen. Klein gewürfeltes Suppengemüse (Karotte, Lauch, Sellerie), Lorbeerblatt, Pfefferkörner und das Hähnchenfleisch hinzugeben und 20 Minuten nach Gebrauchsanweisung des Topfes kochen, in einem normalen Kochtopf etwa 50 Minuten. Das fertige Fleisch mit den Fingern in kleine Stückchen zupfen.

Schritt 2 Die Dosenmandarinen abgießen, dabei etwas Sud auffangen. Den Joghurt, die Mayonnaise, das Currypulver und 4 EL von dem Mandarinensud in einer Salatschüssel zu einem Dressing rühren. Salzen und pfeffern nach Geschmack.

Schritt 3 Die Champignons vierteln. Die Ananaswürfel abgießen, eventuell noch etwas zerkleinern. Alles zusammen mit dem Fleisch und dem Dressing vermischen und ziehen lassen. Vor dem Servieren nochmals abschmecken, der Salat »lässt nach«, weil Zutaten wie Hähnchen, Kartoffeln oder Nudeln viel Würze absorbieren.

HÜHNCHENSALAT TO GO

Am besten mit ins Büro nehmen Sie den Salat verzehrfertig zwischen 2 Scheiben Dinkel-Hafer-Kasten von Seite 47. Oder Sie servieren sie stilecht in Häppchenform. Für 4 Stück brauchen Sie 3 Scheiben Brot. Zwei reichliche Schichten Salat zwischen die Scheiben geben und dann mit einem scharfen Messer zweimal durchschneiden. Am besten mit einem Cocktailspießchen stabilisieren.

Den Kochsud im offenen Topf noch weiter einkochen, filtern und in einem Eiswürfelbehälter einfrieren. Die konzentrierte Brühe ist super zum Verfeinern und Ansetzen von anderen Soßen.

Hummus-Duo

AVOCADO-MINZ-HUMMUS

Zutaten für 3–4 Portionen: 50 g getrocknete Kichererbsen, über Nacht eingeweicht, 100 g aufgetaute TK-Erbsen, ½ Avocado, 1 Zweig frische Minze, 1 EL Sesampaste (Tahini), 2 EL Limettensaft, ½ TL Ahornsirup (mild, Grade A), Salz zum Abschmecken

Schritt 1 Die getrockneten Kichererbsen über Nacht in Wasser einweichen. Am Kochtag abgießen und in einem Topf mit frischem Wasser ohne Salz in etwa 60 Minuten gar kochen. Abgießen und in einem Sieb gut auskühlen lassen. Dieser Schritt kann gut vorbereitet werden. Notfalls bei Zeitmangel gekochte Dosenkichererbsen verwenden. Diese machen den Humus aber eventuell etwas flüssiger.

Schritt 2 Die Tiefkühl-Erbsen auftauen lassen. Die Avocado halbieren, den Kern entfernen und die Schale abziehen. Die Minze abbrausen, trocken schütteln und eventuell harte Pflanzenteile aussortieren. Erbsen, die abgekühlten Kichererbsen, Minze und Avocado in einer Küchenmaschine oder einem hohen Mixbecher mit dem Pürierstab fein pürieren. Anschließend Tahini, Limettensaft und Ahornsirup unterrühren und nach Geschmack salzen.

ROTE-BETE-HUMMUS

Zutaten für 3–4 Portionen: 100 g getrocknete Kichererbsen, über Nacht eingeweicht, 100 g rohe Rote Bete, 1 Knoblauchzehe, 2 EL Zitronensaft, Salz zum Abschmecken

Schritt 1 Die Kichererbsen kochen wie in Schritt 1 im Avocado-Minz-Hummus-Rezept beschrieben.

Schritt 2 Die Rote Bete schälen und in grobe Stücke schneiden. Hierzu am besten Einweghandschuhe anziehen und auf einer unempfindlichen Oberfläche arbeiten, sonst hat man einige Tage bunte Finger! Die Knoblauchzehe schälen. Die abgekühlten Kichererbsen mit den Rote-Bete-Würfeln und dem Knoblauch in einer Küchenmaschine oder einem hohen Mixbecher mit dem Pürierstab fein pürieren. Mit Zitronensaft und Salz abschmecken.

LUNCHBOX-IDEE

Für 1 Person 1 kleine Bauerngurke und 2 große Karotten waschen und zu Sticks schneiden. Hummus- mit etwas Rucola-Kresse garniert abfüllen, Familienbrot von Seite 53 dazupacken, fertig!

Pfannkuchen-Röllchen to go

FÜR 4–6 STÜCK

100 g helles Dinkelmehl, 80 g Dinkelvollkornmehl, 30 g Butter, 350 ml Milch, 3 Eier, ½ EL Zucker, ½ EL Salz, 1 Rezept Süßkartoffel-Erdnuss-Creme (siehe unten)

Zubereitung

Schritt 1 Die Mehlsorten in einer Schüssel gut miteinander vermischen. Die Butter in einem Topf bei geringer Hitze schmelzen. Abkühlen lassen.

Schritt 2 In einer Schüssel die Milch mit Eiern, Zucker und Salz mit einem Schneebesen verquirlen, dann unter ständigem Rühren zuerst die Butter, anschließend die Mehlmischung dazugeben. Einige Minuten quellen lassen und vor dem Braten erneut durchquirlen.

Schritt 3 Eine große beschichtete Pfanne ohne Butter erhitzen und jeweils aus einer Kelle Teig einen dünnen Pfannkuchen backen. Abkühlen lassen. Pfannkuchen lassen sich wunderbar vorbereiten.

Schritt 4 Jeden Pfannkuchen dick mit Süßkartoffel-Erdnuss-Aufstrich bestreichen und aufrollen. In 2–3 Zentimeter dicke Scheiben schneiden und für die Lunchbox mit Zahnstochern fixieren. Dazu passen hervorragend gesalzene Erdnüsse oder Süßkartoffelchips.

SÜßKARTOFFEL-ERDNUSS-CREME

Zutaten für 4–6 Portionen: 1 große Süßkartoffel, 2 EL crunchy Erdnussmus, 1 EL Ahornsirup (Grade A, mild), 1 Spritzer Zitronensaft, Salz zum Abschmecken

Schritt 1 Die Süßkartoffel schälen, grob würfeln und in 10–15 Minuten in einem Topf mit Salzwasser gar kochen. Abgießen, in einer Schüssel etwas abkühlen lassen, dann mit einer Gabel zerdrücken oder pürieren. Mit dem Erdnussmus vermischen und mit Ahornsirup, Zitronensaft und Salz abschmecken.

Erdacht hat diesen genialen Aufstrich meine gute Freundin Anni vom Blog **1akitchen.com**. Mit Anni und Veronika vom Blog **carrotsforclaire.com** teile ich nicht nur eine Freundschaft, sondern auch ein Blog-Projekt – die drei Kochlöffel.

BUTTER BROT de luxe

gluten-free

Avocado-Halloumi-Sandwich

Glutenfrei!

FÜR 4 PORTIONEN

2 reife Avocados, ca. 12 Erdbeeren, 120 g Halloumi, 2 TL neutrales Pflanzenöl für die Pfanne, 8 Scheiben glutenfreies Mais-Brot von Seite 51

Zubereitung

Schritt 1 Die Avocados halbieren, den Kern entfernen und schälen. Dann in dünne Scheiben schneiden. Die Erdbeeren waschen, das Grün entfernen und die Früchte in Scheiben schneiden.

Schritt 2 Den Halloumi in Scheiben schneiden. In einer Pfanne mit etwas Öl oder auf dem Grill von beiden Seiten braten, bis der Käse schön weich ist.

Schritt 3 In der Zwischenzeit das glutenfreie Brot toasten. Jede Scheibe gleichmäßig mit etwas Avocado belegen und die weiche Frucht mit einem Messer oder einer Gabel auf dem Brot zerdrücken und verstreichen. Anschließend jede Scheibe mit Erdbeerscheiben belegen. Je ¼ des gebratenen, noch warmen Käses zwischen die vorbereiteten Brotscheiben geben (pro Sandwich circa 40 g) und noch warm genießen. Das Rezept braucht nicht mal Salz! Wer mag, gibt etwas frisch gemahlenen Pfeffer auf die Erdbeerschicht!

SCHON GEWUSST?

Halloumi ist ein fester Käse aus Schaf- und Ziegenmilch, der beim Braten die Form behält. Er schmeckt angenehm salzig und quietscht beim Draufbeißen.

Backen Sie aus dem Rezept
von Seite 66 10–12 Mini-Pitas.
Als Fingerfood der Hit auf
jeder Sommerparty!

Baba Ghanoush

FÜR 3–4 PORTIONEN

1 Aubergine, 1 EL mildes Olivenöl und etwas zum Bepinseln, etwas Salz, 1 ½ EL Zitronensaft, 1 EL Sesampaste (Tahini), 1 gepresste Knoblauchzehe

Backblech mit Backpapier

Zubereitung

Schritt 1 Den Backofen auf 200 °C vorheizen. Die Aubergine waschen und der Länge nach halbieren. Die Schnittflächen kreuzweise einschneiden, mit Olivenöl einpinseln und leicht salzen.

Schritt 2 Die Auberginenhälften mit der gekreuzten Fläche nach oben auf ein Backblech mit Backpapier legen und 40 Minuten auf der mittleren Schiene des Ofens backen, bis das Innere ganz weich ist. Anschließend leicht abkühlen lassen, dann das weiche Fruchtfleisch mit einem Löffel auskratzen und in eine Schüssel geben.

Schritt 3 Zitronensaft, Tahini, Olivenöl und eine durch eine Presse gedrückte Knoblauchzehe zur Aubergine geben und alles mit einer Gabel gut durchmischen. Eventuell pürieren.

AUBERGINEN-FETA-PITAS

Dinkel-Pitas von Seite 66 & Baba Ghanoush

Weitere Zutaten für 4 Portionen: 2 mittelgroße Tomaten, 1 kleine Zwiebel, ½ Bund Petersilie, Salz und Pfeffer nach Geschmack, 1 Spritzer Zitronensaft, 150 g Fetakäse

Schritt 1 Die Tomaten waschen, vierteln, entkernen und würfeln. Die Zwiebel schälen und fein würfeln. Die Petersilie waschen und fein hacken. Alles in einer kleinen Schüssel mit Salz, Pfeffer und Zitronensaft zu einem frischen Salat anmachen.

Schritt 2 Den Fetakäse in Scheibchen schneiden. 4 Pita-Taschen an einer Seite öffnen, jeweils mit einem Viertel Baba Ganoush bestreichen, die Feta-Scheiben gleichmäßig verteilen und abschließend den Petersilien-Tomatensalat einfüllen.

Dinkel-Pitas

FÜR 6 STÜCK

½ Würfel frische Hefe (21 g), 100 ml lauwarmes Wasser, 500 g Dinkelmehl Type 1050, 1 ½ TL Salz, 230 ml lauwarmes Wasser

Backblech mit Backpapier

Zubereitung

Schritt 1 Den Vorteig in einer kleinen Schüssel anrühren: Dazu die frische Hefe in 100 ml lauwarmes Wasser bröseln, etwa 2 EL von dem Dinkelmehl dazugeben und einen weichen Brei anrühren. Abgedeckt mit einem feuchten Tuch an einem warmen, zuggeschützten Ort gehen lassen, bis sich Bläschen bilden.

Schritt 2 Das restliche Mehl in einer großen Schüssel mit dem Salz vermischen, den Vorteig und weitere 230 ml lauwarmes Wasser dazu geben und mit der Küchenmaschine oder dem Mixer in etwa 10 Minuten zu einem geschmeidigen Teig verarbeiten. Sie können gerne auch mit den Händen arbeiten! Das macht Spaß und Sie bekommen ein Gefühl für die richtige Teigbeschaffenheit! Der Teig sollte noch ein klein wenig kleben, wenn er aber viel zu weich ist, vorsichtig noch etwas Mehl hinzufügen. Abgedeckt etwa 1 Stunde gehen lassen, bis sich der Teig verdoppelt hat.

Schritt 3 Den Backofen rechtzeitig auf 250 °C vorheizen, dabei auch das Backblech mit erhitzen. Den Teig nach dem Gehen noch einmal kurz durchkneten, aber nicht mehr viel Mehl dazu verwenden. In 6 Portionen aufteilen und diese rund schleifen (siehe Seite 11). Nun auf einem bemehlten Brett die großzügig mit Mehr bestäubten Teigkugeln mit dem Nudelholz zu runden, etwa 5 mm dicken Fladen ausrollen.

Schritt 4 Die Fladen auf zugeschnittenes Backpapier setzen und nochmals etwa 15 Minuten ruhen lassen. Dann das Backpapier mit den Pitas auf das aufgeheizte Backblech ziehen und etwa 4 bis 5 Minuten auf der zweiten Schiene von unten backen, bis diese aufgehen wie ein Ballon. Nur dann sind sie innen hohl.

TIPP: Wer einen Pizzastein für den Backofen besitzt, sollte die Pitas unbedingt auf diesem backen!

Grünkern-Curry-Brot

FÜR 1 KG BROT

100 g Grünkernschrot, 100 ml Wasser, 300 g Grünkernmehl, 150 g Roggenvollkornmehl, 300 g Dinkelvollkornmehl, 30 g frische Hefe, 1 EL Zucker, 1 ½ TL Salz, ½ l Wasser, 1 EL Schwarzkümmel, 1 TL Curry

Backblech mit Backpapier

Zubereitung

Schritt 1 Den Grünkernschrot in einer großen Schüssel mit 100 ml Wasser über Nacht einweichen.

Schritt 2 Am Backtag alle anderen Zutaten hinzufügen und kräftig miteinander verkneten, bis der Teig sich ballt. Den Teig 1 Stunde abgedeckt an einem warmen, zuggeschützten Ort gehen lassen, bis er sich verdoppelt hat. Anschließend nochmals durchkneten, zu einem länglichen Laib formen und auf ein mit Backpapier ausgelegtes Backblech geben.

Schritt 3 Den Laib nochmals etwa 40 Minuten gehen lassen, bis der Teig sich verdoppelt hat. Rechtzeitig den Ofen auf 250 °C vorheizen. Das aufgegangene Brot auf der zweiten Schiene von unten in den heißen Ofen schieben. Nach 10 Minuten zurückschalten auf 200 °C und weitere 30 Minuten backen. Dann das Brot auf dem Ofen-Rost noch 10 Minuten trocken backen, bis es die Klopfprobe besteht. Für ein luftigeres Brot Dinkelvollkornmehl gegen Dinkelmehl Type 630 tauschen.

SCHON GEWUSST?

Grünkern macht man aus halbreif geerntetem Dinkel, der dann gedarrt wird. Ursprünglich aus Furcht vor schlechtem Wetter zu früh geerntet, gilt der wohlschmeckende grüne Dinkel heute als Spezialität.

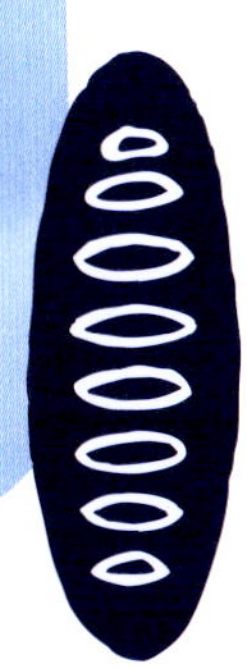

Echter Hausmachersenf

FÜR 2 GROSSE GLÄSER

400 ml Wasser, 150 ml Weinwürziger Essig (alternativ Weißweinessig, 5 %), 250 g Senfmehl, 100 g Zucker, 1 EL gemahlener Kurkuma, 15 g Salz

2 vorbereitete Schraubgläser (siehe Seite 15)

Zubereitung

Schritt 1 Wasser und Essig in einem Topf aufkochen. Abkühlen lassen, da die ätherischen Öle im Senf die Hitze nicht so gut vertragen.

Schritt 2 Inzwischen das Senfmehl mit Zucker, Kurkuma und Salz in einer hitzebeständigen Schüssel vermischen und dann das nicht mehr kochende Essigwasser hinzugeben. Alles mit dem Pürierstab gut pürieren. In die vorbereiteten Gläser abfüllen und circa 1 Woche reifen lassen. Im Kühlschrank bis zu 2 Monate haltbar.

TIPP: In diesem Rezept dient Kurkuma vor allem dazu den Senf schön gelb zu machen. Wer darauf keinen Wert legt, kann das Gewürz weglassen. Zusätzlich kann der Senf mit Kräutern, z. B. Rosmarin oder Früchten, wie Feigen veredelt werden. Auch Senfmehl und zerstoßene oder ganze Senfkörner lassen sich kombinieren. Durch die Kombination von gelben, braunen und schwarzen Senfkörnern kann die Schärfe des Senfs beeinflusst werden. Wer möchte, kann in einer sauberen Kaffeemühle seinen individuellen Senf-Mix selbst mahlen.

(NACH-)FESTTAGS-BRÖTCHEN

Für 4 Sandwiches brauchen Sie 4 Körnerbrötchen von Seite 32, 1 Portion Cole Slaw von Seite 105 und den selbst gemachten Senf. Weitere Zutaten: 8–12 Blätter Salat, z. B. Eichblatt, 8 Scheiben kalter Braten vom Vortag oder vom Metzger.
Die Körnerbrötchen aufschneiden, beide Seiten mit Senf bestreichen und mit dem Salat, Braten und Krautsalat belegten. Ideal für den faulen Tag nach dem Fest oder als Brotzeit für Gäste!

Chorizo Melt

FÜR 4 SANDWICHES

1 Zwiebel, ½ rote Paprika, 70 g Chorizo, Butterschmalz, 8 Scheiben Einkorn-Toast von Seite 72, Butter zum Bestreichen, 4 Scheiben Cheddar, 4 Scheiben Butterkäse

Kontaktgrill oder Sandwichtoaster, falls vorhanden

Zubereitung

Schritt 1 Die Zwiebel schälen und fein würfeln. Die Paprika waschen, trocknen, halbieren und den Stiel mitsamt den Kernen und den hellen Rippen entfernen. In Streifen und anschließend in 5 mm große Würfel schneiden. Die Chorizo von der Wurstpelle befreien und im Universalzerkleinerer zerkleinern oder mit einem Messer fein hacken.

Schritt 2 In etwas Butterschmalz zunächst die Zwiebelstückchen bei mittlerer Hitze glasig anschwitzen, nach einigen Minuten Chorizo und Paprika hinzugeben und die Hitze etwas steigern. 2–3 Minuten braten.

Schritt 3 Die ungetoasteten Brotscheiben mit Butter bestreichen. 4 Toast-Scheiben jeweils mit einer Scheibe Cheddar, die anderen 4 Toastscheiben jeweils mit einer Scheibe Butterkäse belegen. Die Chorizo-Paprika-Pfanne gleichmäßig auf den Cheddar-Toasts verteilen und mit einem Butterkäse-Toast mit der Käse-Seite nach innen zuklappen. Das Sandwich anschließend von oben erneut dünn mit Butter bestreichen. Im Kontaktgrill oder Sandwich-Toaster grillen, bis der Käse richtig schön zerläuft. Alternativ in einer beschichteten Pfanne mit Butter von beiden Seiten anbraten. Heiß genießen!

JULIETTA'S TIPP

Lust auf ein Tuna-Melt? Das Rezept funktioniert auch mit dem Thunfischsalat mit Paprika und Kapern von Seite 100. Einfach gegen die Chorizo-Paprika-Pfanne tauschen. Lecker!

Einkorn-Toast

FÜR 1 TOASTBROT

300 g Einkorn-Vollkornmehl, 300 g Dinkelmehl Type 630, 20 g frische Hefe, 1 TL Zucker, 200 ml lauwarme Milch, 1 ½ TL Salz, 3 EL Sesam- oder Sonnenblumenöl, 250 ml lauwarmes Wasser

1 ausgebutterte Kastenform 30 cm

Zubereitung

Schritt 1 Beide Mehlsorten in eine große Schüssel sieben und gut vermischen. Für den Vorteig eine Mulde ins Mehl drücken, die frische Hefe hineinbröseln, den Zucker und die lauwarme Milch hinzugeben und mit etwas Mehl von den Seiten einen weichen Brei anrühren. Mit etwas Mehl bestäuben und etwa 10 Minuten an einem warmen, zuggeschützten Ort gehen lassen, bis sich Risse zeigen.

Schritt 2 Salz, Sesamöl und lauwarmes Wasser um den Vorteig herum in die Schüssel geben und alles mindestens 10 Minuten zu einem geschmeidigen, glatten Teig verkneten. Haben Sie etwas Geduld, anfangs ist der Teig sehr feucht und klebrig, hier hilft aber nur geduldiges Kneten. Mehr Mehl macht den Teig fest und schwer. Anschließend 1 Stunde gehen lassen, bis der Teig sich verdoppelt hat. Inzwischen die Kastenform ausbuttern.

Schritt 3 Der Teig ist nach dem Gehen sehr weich. Nochmals gut durchkneten, anschließend den Teig mit Hilfe eines Teigschabers in eine gebutterte Kastenform geben und dann mit nassen Händen glätten. Mit Folie abgedeckt nochmals mindestens 30 Minuten gehen lassen, bis der Teig sich verdoppelt hat und die Form ganz ausgefüllt ist. Rechtzeitig den Ofen auf 200 °C vorheizen.

Schritt 4 Das aufgegangene Brot mit Wasser bestreichen und im heißen Ofen in 25–35 Minuten durchbacken. Das Brot mit einem Schaschlik-Stäbchen anstechen. Wenn kein Teig mehr haften bleibt, ist das Brot fertig. In der Form etwas ausdampfen lassen, dann auf ein Gitter stürzen und vollständig auskühlen lassen. Toastbrot am besten immer im Brot-Topf lagern, da es sonst zu schnell austrocknet! Oder Sie frieren einen Teil in Scheiben ein.

ANNELIE'S TIPP

Schön wird der Teig auch, wenn sie das Einkornmehl mit dem Wasser vermischen glatt rühren und 12 Stunden quellen lassen. Dann mit den restlichen Zutaten zum Teig verarbeiten!

Butternut-Schnittchen

HERZHAFTES KRUSTENBROT von Seite 46 & **ORIENTALISCHE KÜRBIS-CREME** von Seite 76

Weitere Zutaten für 4 Portionen: 6–8 kleine junge Möhren, 2–3 EL Olivenöl und etwas zum Schwenken, 2–3 Stängel frischer Koriander, 2–3 EL Weißweinessig

Zubereitung

Schritt 1 Für die marinierten Möhren den Backofen auf 200 °C vorheizen. Die Möhren schälen, grob in große Stücke schneiden, in etwas Öl schwenken und auf der mittleren Schiene im vorgeheizten Ofen etwa 20 Minuten garen. In der Zwischenzeit den Koriander waschen, grob hacken und mit etwas Olivenöl und mildem Weißweinessig zu einem Dressing verrühren. Die fertig gebackenen heißen Möhren im Dressing schwenken und abkühlen lassen.

Schritt 2 Rustikales Bauernbrot großzügig aufschneiden, dick mit Butternuss-Bohnenpaste bestreichen und mit marinierten Möhren belegen. Nach Belieben mit frischem Koriander garnieren.

SCHON GEWUSST?

Die Kürbis-Saison beginnt im September und geht bis in den November. Danach gibt es sogar noch bis in den März gelagerten Kürbis.

Orientalische Kürbis-Creme

FÜR 4–6 PORTIONEN

100 g getrocknete weiße Bohnen (über Nacht eingeweicht und 60 Minuten gar gekocht), 150 g Butternusskürbisfleisch ohne Schale und Kerne, 1 EL neutrales Pflanzenöl, ½ TL Salz, 1 TL Koriandersaat, 1 TL Kreuzkümmelsaat, 1 TL Senfsaat, 5 Körner tasmanischer Bergpfeffer, etwa 3 EL Saft einer Zitrone, Salz nach Geschmack, 1–2 EL milder Ahornsirup (Grade A) oder Zucker

Backblech mit Backpapier

Zubereitung

Schritt 1 Die weißen Bohnen über Nacht in kaltem Wasser einweichen. Am nächsten Tag in einem großen Topf mit frischem Wasser in circa 60 Minuten gar kochen. Erst gegen Ende der Kochzeit etwas salzen. Abgießen und in einem Sieb abkühlen lassen.

Schritt 2 Den Backofen auf 180 °C Umluft vorheizen. In der Zwischenzeit den Kürbis schälen, die Kerne entfernen und in 2–3 cm große Stücke schneiden. Diese in einer Schüssel mit 1 EL neutralem Öl und etwas Salz gut durchmischen. Auf einem Blech mit Backpapier auf der mittleren Schiene des Ofens 25–30 Minuten rösten, die Würfel zwischendurch durchmischen. Anschließend abkühlen lassen. Die Schritte 1 und 2 können prima vorbereitet werden.

Schritt 3 Für die Gewürzmischung Koriander, Kreuzkümmel, Senfsaat und den Bergpfeffer ohne Öl in einer kleinen Pfanne erhitzen und etwas anrösten, bis ein tolles Aroma aufsteigt. Etwas abkühlen lassen, dann in einem Mörser zerkleinern.

Schritt 4 Bohnen und Kürbis sollten nur noch lauwarm sein. Die gekochten weißen Bohnen mit 3 EL Zitronensaft pürieren. Den Kürbis hinzugeben und mitpürieren. Je nach gewünschter Konsistenz esslöffelweise etwas Wasser hinzugeben. Mit etwa 3 TL der Gewürzmischung, etwas Salz und 1–2 TL Ahornsirup abschmecken. Nach Geschmack noch etwas Zitronensaft hinzugeben.

Sonnenblumen-Brot

FÜR 1,4 KG BROT

500 g Dinkelmehl Type 1050, 250 g Weizenmehl Type 550, 30 g frische Hefe, 80 ml lauwarmes Wasser, 1 EL Vollrohrzucker, 165 ml lauwarmes Wasser, 165 ml zimmerwarme Buttermilch, 1 ½ TL Salz, 3 EL Sonnenblumenöl, 200 g geröstete Sonnenblumenkerne, lauwarmes Wasser zum Bepinseln, 1 Handvoll Sonnenblumenkerne zum Bestreuen

Backblech mit Backpapier

Zubereitung

Schritt 1 Die beiden Mehlsorten in eine große Schüssel sieben und mischen. Für den Vorteig in die Mitte eine Mulde drücken, die Hefe hineinbröseln und nur mit dem lauwarmen Wasser und dem Zucker zu einem cremigen Teig rühren. Zugedeckt circa 10 Minuten an einem warmen, zuggeschützten Ort gehen lassen, bis sich Bläschen bilden.

Schritt 2 Das lauwarme Wasser mit der Buttermilch vermischen. Rund um den Vorteig das Salz, das Öl und das lauwarme Buttermilchwasser dazugeben. Alles kräftig in etwa 10 Minuten zu einem geschmeidigen, glänzenden Teig verkneten, eventuell vorsichtig noch etwas Mehl hinzufügen.

Schritt 3 Den Teig abgedeckt in der Schüssel etwa 1 Stunde gehen lassen, bis er sich verdoppelt hat. In der Zwischenzeit die Sonnenblumenkerne bei mittlerer Hitze in einer Pfanne ohne Fett rösten, bis ein nussiger Duft aufsteigt. Leicht abkühlen lassen. Später zum fertig aufgegangenen Brotteig geben und alles noch einmal kräftig auf der Arbeitsplatte durchkneten. Anschließend einen länglichen oder runden Laib formen (siehe Seite 11). Mit dem Schluss nach unten auf ein mit Backpapier ausgelegtes Blech gegeben und abdeckt etwa 45 Minuten gehen lassen, bis der Teig sich fast verdoppelt hat.

Schritt 4 Rechtzeitig den Backofen auf 220 °C vorheizen. Das aufgegangene Brot mit warmem Wasser bepinseln, mit Sonnenblumenkernen bestreuen und mit den Zinken einer Gabel oder einem Stippenrädchen gleichmäßig, aber nicht zu fest eindrücken. Dann auf der 2. Schiene von unten mit Schwaden (S. 12) in den Ofen schieben und 15 Minuten backen. Die Temperatur auf 180 °C reduzieren und das Brot noch weitere 35 Minuten fertig backen. Auf einem Kuchengitter ausdampfen lassen.

TIPP: Anstatt Buttermilch 330 ml Wasser mit einem Schuss Essig anreichern. Keine Sorge, das Brot schmeckt sicher nicht sauer. Mehr dazu finden Sie auch auf Seite 9.

Zweierlei Linsen-Creme

Vegan

GELBER LINSEN-KÜRBISKERN-AUFSTRICH

Zutaten für 3–4 Portionen: 150 g getrocknete gelbe Orientlinsen, Salz zum Abschmecken, 1 Stängel frischer Majoran, 2 EL Kürbiskerne, einige Spritzer Zitronensaft, 1 TL Ahornsirup (Grade A, mild), 1 TL Englisches Currypulver

Schritt 1 Die Linsen in 300 ml Wasser aufkochen und 10–15 Minuten zugedeckt köcheln lassen. Die Linsen nehmen das gesamte Kochwasser auf. Erst in den letzten Minuten etwas salzen, dann abkühlen lassen. Den Majoran waschen, trocken schütteln und die Blättchen abzupfen. Die Kürbiskerne in einer kleinen Pfanne ohne Öl anrösten, bis ein feines Aroma aufsteigt.

Schritt 2 Die Linsen mit Majoran, Kürbiskernen, Zitronensaft und Ahornsirup in einer hohen Schüssel pürieren. Falls nötig mit etwas Wasser verdünnen. Mit Currypulver und Salz würzen.

PIKANTER LINSEN-KAROTTEN-AUFSTRICH

Zutaten für 3–4 Portionen: 150 g rote Linsen, Salz zum Abschmecken, 5–6 Karotten, 1 Knoblauchzehe, etwas neutrales Pflanzenöl, Pfeffer, einige Spritzer Limettensaft, 1 TL Ahornsirup, 1 ½ TL Harissa-Paste

Backblech

Schritt 1 Den Backofen auf 180 °C Umluft (200 °C Ober- und Unterhitze) vorheizen. Die Linsen kochen wie oben beschrieben. Inzwischen die Karotten schälen und grob in Stücke schneiden. Den Knoblauch schälen und hacken. Karotten, Knoblauch, einen Schuss Öl, Salz und Pfeffer in einer Schüssel vermengen. Die marinierten Karotten auf ein Backblech geben und circa 30 Minuten im heißen Backofen rösten. Dieser Schritt ist gut vorzubereiten.

Schritt 2 Die abgekühlten Linsen und Karotten mit Limettensaft und Ahornsirup in eine Schüssel geben und pürieren. Falls nötig mit etwas Wasser verdünnen. Dann salzen und mit Harissa abschmecken. Langsam an die köstliche, aber sehr scharfe Würz-Paste herantasten!

SANDWICH DE LUXE

Mit dem Sonnenblumen-Brot von Seite 77 zaubern Sie Sandwiches mit einem Hauch Indien. Zum pikanten Linsen-Aufstrich passen am besten Karottenscheiben oder rote Paprika, zum gelben Aufstrich geröstete Kürbiskerne, Kresse und Schlangengurke.

Strammer Max de luxe

DINKEL-HAFER-KASTEN von Seite 47 & ESTRAGON-SENF-SOSSE

Weitere Zutaten für 4 Portionen: 1 kleiner Brokkoli (nach dem Putzen etwa 2 Hände voll Röschen), 200 g Champignons, 2 EL Rapsöl, 4 Eier, 8 eingelegte getrocknete Tomaten

Zubereitung

Schritt 1 Brokkoli putzen, in kleine Röschen schneiden und circa 3 Minuten in einem Topf mit kochendem Salzwasser blanchieren. Sofort kalt abschrecken, um den Garprozess zu unterbrechen.

Schritt 2 Die Pilze mit einer weichen Bürste oder Küchenkrepp putzen, in Scheiben schneiden und in einer Pfanne mit 1 EL Rapsöl einige Minuten anbraten. In einer zweiten Pfanne mit 1 EL Rapsöl aus den Eiern Spiegeleier braten. Pro Sandwich 2 getrocknete Tomaten in Streifen schneiden.

Schritt 3 8 Brotscheiben toasten und anschließend mit Estragon-Senf-Dressing beträufeln. Die Brokkoli-Röschen noch etwas zerkleinern und in einer kleinen Schüssel großzügig mit Senf-Estragon-Dressing anmachen. 4 Toastscheiben mit angemachtem Brokkoli und Pilzen belegen. Getrocknete Tomaten darüber streuen und auf jede belegte Scheibe noch ein Spiegelei legen. Deckel drauf und genießen.

ESTRAGON-SENF-SOSSE

Zutaten für 4 Portionen: 1 kleine Zwiebel, 1 Bund frischer Estragon, 100 ml fettarmer Joghurt, 100 g Frischkäse (Rahmstufe), 3 TL mittelscharfer Senf, 1 ½ TL Zucker, Salz und weißer Pfeffer zum Abschmecken

Schritt 1 Die Zwiebel schälen und grob klein schneiden. Den Estragon waschen, trocken schütteln und die Blätter von den holzigen Stängeln abzupfen. Joghurt, Frischkäse, Zwiebelstücke, Senf und Estragon in einen hohen Mixbecher geben und pürieren. Mit Zucker, Salz und frisch gemahlenem weißen Pfeffer abschmecken.

Sherry-Tomaten-Butter

Glutenfrei!

FÜR 8–10 PORTIONEN

125 g Alsan (vegan) oder 125 g zimmerwarme Butter (vegetarisch), 2 gehäufte EL 3-fach konzentriertes Tomatenmark, ca. 10 Tropfen Tabasco, 2 EL Sherry medium dry, 1 ½ TL Salz, 1 TL frisch gemahlener schwarzer Pfeffer

Zubereitung

Schritt 1 Butter (vegetarisch) oder Alsan (vegan) mit den anderen Zutaten in einer Rührschüssel verkneten. Dazu eignet sich der Knet-Aufsatz des elektrischen Handmixers. Alternativ kann dazu eine Gabel genutzt werden.

Schritt 2 In ein sauberes Schälchen füllen, wer mag, noch mit etwas frisch gemahlenem Pfeffer oder fein gehackten getrockneten Tomaten bestreuen und mit Frischhaltefolie abdecken. Für einige Stunden kalt stellen.

TIPP: Super lecker auch zum Grillen – egal ob mit oder ohne Fleisch!

SHERRY-TAPAS

Tapas heißen übersetzt »Deckel«, und angeblich waren die Ur-Tapas ja kleine Brotscheiben zum Abdecken von Weingläsern. Schneiden Sie kleine Häppchen oder stechen Sie Kreise aus dem glutenfreien Bratkartoffel-Brot von Seite 26 und bestreichen Sie sie mit der Sherry-Tomaten-Butter. Garniert mit Basilikum und grob gemahlenem Pfeffer abends zu einem Glas Sherry oder Cava reichen. Eine Pfeffermühle und etwas Fleur de Sel – und schon wird das Butterbrot zum stilvollen Party-Häppchen.

VEGAN

JULIETTA'S TIPP

Kennt Ihr das? Es ist Sonntag oder Feiertag, und Ihr habt einfach nichts Frisches im Haus? Für solche Tage ist dieser Eiersalat von meiner Schwiegermama, den wir unglaublich gerne essen, perfekt! Eier sollte man im Haus haben. Sonst kommt alles aus dem Vorrat.

Schwiegermamas Eiersalat

FÜR 2 PORTIONEN

4 hart gekochte Eier, 3 EL kleingeschnittene Dosen-Ananas, 1 EL Sud aus der Ananasdose, 2 EL Salatcreme, alternativ Mayonnaise, 2–3 EL Tiefkühl-Erbsen direkt aus der Kühltruhe, frisch gemahlener schwarzer Pfeffer

Zubereitung

Schritt 1 Die abgekühlten hart gekochten Eier pellen und in etwa 5 mm große Würfel schneiden. Die Dosen-Ananas in sehr kleine Stücke schneiden. Unbedingt 1 EL von dem Saft aus der Ananasdose auffangen!

Schritt 2 Salatcreme oder Mayonnaise mit dem aufgefangenen Ananassud in einer Schüssel glatt rühren und mit etwas Pfeffer würzen. Eier, Ananas und Tiefkühlerbsen hinzugeben, gut vermengen und kurz stehen lassen. Der Salat wird durch die Erbsen schön kalt und die Erbsen tauen schnell auf.

Fleisch-Option: Ursprünglich gab es in meiner Schwiegerfamilie diesen Salat noch mit klein geschnittenem gekochtem Schinken. Für mich wurde erst immer eine Extra-Portion ohne Schinken gemacht. Mittlerweile essen ihn alle gerne vegetarisch.

FEINE PLUNDER-EI-BRÖTCHEN

Schwedenbrötchen von Seite 87 & Eiersalat
Weitere optionale Zutaten: 2–3 Stängel frische Brunnenkresse oder Kresse, 1–2 saure Gürkchen, nach Belieben 1 Scheibe gekochter Schinken

Wer sagt, dass Eiersalat nicht schick sein kann?
Die Kresse waschen und trocken schütteln. Die Essiggurken längs in dünne Scheiben schneiden.
Die Schwedenbrötchen halbieren, die Unterteile mit einigen Scheiben Essiggurken belegen, großzügig mit Eiersalat bestreichen und mit reichlich würziger Kresse garnieren. Wer mag, kombiniert dazu noch eine Scheibe Kochschinken.

ANNELIE'S TIPP

Beim Tourieren muss zügig gearbeitet werden, damit die Butter nicht zu weich wird. Beginnt der Teig »wegzurutschen«, geben Sie den Teig einfach kurz ins Gefrierfach.

Schwedenbrötchen

FÜR 10 BRÖTCHEN

250 g Weizenmehl Type 550, 20 g frische Hefe, 125 ml lauwarme Milch, 40 g Zucker, ¼ TL Salz, 1 Ei, 160 g eiskalte Butter zum Tourieren, 2 EL Milch zum Bestreichen, Saatenmix zum Bestreuen nach Geschmack

Backblech mit Backpapier

Zubereitung

Schritt 1 Das Mehl in eine Schüssel sieben. Für den Vorteig in die Mitte eine Mulde drücken, die Hefe hineinbröseln und mit etwas lauwarmer Milch zu einem cremigen Brei rühren. Mit etwas Mehl bestäuben und etwa 10 Minuten an einem warmen, zuggeschützten Ort gehen lassen, bis sich Bläschen bilden.

Schritt 2 Die restliche Milch, Zucker, Salz und Ei um den Vorteig herum hinzugeben und in etwa 8 Minuten zu einem glatten, geschmeidigen Teig kneten. Abgedeckt etwa 1 Stunde gehen lassen, bis er sich verdoppelt hat.

Schritt 3 Den fertig gegangenen Teig mit einem Nudelholz auf dem Arbeitsbrett mit etwas Mehl zu einer rechteckigen und möglichst dünnen Platte ausrollen. Die gut gekühlte Butter zwischen zwei Frischhaltefolien legen und auf die halbe Größe der Teigplatte ausrollen. Notfalls etwas zusätzliche Butter verwenden. Die Butterplatte auf die eine Hälfte der Teigplatte legen und sie mit der zweiten Hälfte bedecken, sodass der Teig sie wie ein Schutzumschlag umhüllt. Das »Sandwich« aus Teig und Butter wieder möglichst groß ausrollen und nochmals in der Mitte zusammenschlagen. Diesen Vorgang noch 4 Mal wiederholen.

Schritt 4 Den Teig nun zu einer langen, etwa backblechbreiten Rolle drehen. Mit einem Messer in 10 Teile schneiden und auf ein mit Backpapier ausgelegtes Backblech setzen. Den Backofen auf 190 °C vorheizen und die Brötchen nochmals 20 Minuten gehen lassen. Vor dem Einschieben mit Milch bestreichen und nach Geschmack mit Saatenmix bestreuen. 25–30 Minuten auf der 2. Schiene von unten goldgelb backen.

Süßkartoffel-Creme

FÜR 6 PORTIONEN

1 Süßkartoffel (ca. 250 g), 1 kleines Stück Ingwer, 1 geschälte und gekochte Rote Bete (ca. 150 g), 1 Becher saure Sahne, ca. ½ TL gemahlener Kreuzkümmel (Cumin)

Zubereitung

Schritt 1 Die Süßkartoffel schälen, in Stücke schneiden und in einem Topf mit leicht gesalzenem Wasser circa 15 Minuten gar kochen. Abgießen und abkühlen lassen. Inzwischen den Ingwer schälen und fein hacken. Die vorgekochte Rote Bete mit der Hälfte des gehackten Ingwers und dem halben Becher saure Sahne pürieren und nicht weiter abschmecken.

Schritt 2 Die abgekühlte Süßkartoffel mit dem restlichen Ingwer und der restlichen sauren Sahne pürieren, mit Salz und Kreuzkümmel kräftig abschmecken und in eine hübsche Servierschüssel füllen. Die Rote-Bete-Creme zur Süßkartoffel-Creme geben und vorsichtig mit einer Gabel oder einem Holzstäbchen marmorieren, sodass die Cremes zwar vermischt sind, aber noch beide Farben erhalten bleiben.

MARMORIERTE SCHNITTCHEN

Die fein Marmorierte Creme mit Kreuzkümmel passt gut zum Sonnenblumen-Brot von Seite 77.
Kleine marmorierte Schnittchen sind tolle, farbenfrohe Party-häppchen! Gesund & vegetarisch.
Zum Garnieren eignen sich fein geraspelte oder in Scheibchen geschnittene gekochte Rote Bete. Frischer geraspelter Ingwer sorgt für exotische Schärfe. Für die, die es süßer mögen, darf es aber auch etwas kandierter Ingwer sein.

Caesars-Salad-Sandwich

SCHWEDENBRÖTCHEN von Seite 87 & SARDELLENPASTE

Weitere Zutaten pro Sandwich: ¼ reife Avocado, 1 gekochtes Ei, 2–3 Blätter Romana-Salat, ca. 1 EL gehobelter Parmesan

Zubereitung

Schritt 1 Die Avocado halbieren und den Kern herausnehmen. Die Schale sollte sich bei einer reifen Avocado ganz leicht abziehen lassen. Dann in Scheiben schneiden. Das Ei pellen und ebenfalls in Scheiben schneiden. Den Salat waschen, trocken schleudern und in etwa 1 cm breite Streifen schneiden.

Schritt 2 Das Schwedenbrötchen aufschneiden und beide Hälften mit Sardellenpaste bestreichen. Die untere Hälfte mit Avocado und Ei belegen, dann etwas Salat darüber geben und mit Parmesanspänen bestreuen. Deckel drauf und genießen!

SARDELLEN-PASTE

Zutaten für 3–4 Portionen: 6 Sardellenfilets, ½ Zwiebel, 2 EL saure Sahne, 1 EL weiche Butter, 1 gekochtes Eigelb, wenige Spritzer Zitronensaft, 1 TL Worcester(shire)sauce, etwas Salz zum Abschmecken, 2–3 Stängel gehackte frische Petersilie

Schritt 1 Die Sardellenfilets und die geschälte Zwiebel sehr fein hacken. In einer kleinen Schüssel mit 2 EL saurer Sahne, 1 EL weicher Butter und dem gekochten und zerdrückten Eigelb glatt rühren.

Schritt 2 Alle Zutaten vermischen und mit Zitronensaft und 1 TL Worcester(shire)sauce abschmecken. Eventuell noch etwas salzen. Die Petersilie fein hacken und unterheben.

SCHON GEWUSST?

Wer mag, verfeinert die Sardellenpaste ganz nach Caesars-Salad-Art mit einer kleinen, gepressten Knoblauchzehe und gibt zusätzlich etwas aufgeschnittene gebratene Hühnerbrust mit aufs Sandwich.

Lemon-Cream-Cheese

FÜR 4 PORTIONEN

1 Schlangengurke, 1 Bio-Zitrone, 2–3 Stängel frischer Dill, 200 g Frischkäse (Doppelrahmstufe), Salz, schwarzer Pfeffer

Zubereitung

Schritt 1 Die Gurke waschen, schälen und vierteln. Die Kerne längs herausschneiden und die Gurkenviertel in kleine Würfel schneiden. Die Gurkenstücke zwischen Küchentüchern trocken tupfen – dann wird der Aufstrich nicht zu wässrig – und in eine Schüssel geben.

Schritt 2 Die Bio-Zitrone heiß waschen, abtrocknen und die Schale fein abreiben. Den Saft auspressen. Den Dill abbrausen, trocken schütteln und fein hacken. Den Frischkäse mit Gurkenstückchen vermischen und großzügig mit Dill, Zitronensaft und Zitronenschale abschmecken. Nach Geschmack salzen und pfeffern.

LACHS-CIABATTA

Ciabatta von Seite 27 & Lemon-Cream-Cheese

Weitere Zutaten für 4 Portionen: ca. 400 g Lachs-Filet vom Fischhändler oder 4 aufgetaute TK-Filets, möglichst aus nachhaltigem Fang, neutrales Pflanzenöl zum Braten, z.B. hochwertiges Rapsöl, Salz und frisch gemahlener Pfeffer, 6–8 Salatblätter, 1 Bio-Zitrone

Schritt 1 Den Lachs waschen, mit Küchenpapier trocken tupfen und in einer beschichteten Pfanne in Rapsöl je nach Dicke von jeder Seite etwa 3–5 Minuten anbraten. Er ist »auf den Punkt«, wenn er leicht gebräunt ist und innen noch ganz leicht glasig ist. Nach Geschmack etwas salzen und pfeffern.

Schritt 2 Den Salat waschen und trocken schleudern. Die Biozitrone heiß waschen und in Spalten oder Scheiben schneiden. Das Ciabatta in 2 Stücke teilen, dann längs aufschneiden. Die Schnittflächen mit Salatblättern belegen und großzügig mit dem Aufstrich bestreichen. Je 1 Stück Lachs auf jedes Brot legen und mit Zitronenspalten servieren.

Räucherlachs ist eine Alternative, wenn's schnell gehen soll. Vegetarier ersetzen den Fisch durch fein aufgeschnittenen Räuchertofu.

BBQ

Einfach DEFTIGER GENUSS

Kartoffelkas

FÜR 4–6 PORTIONEN

700 g Kartoffeln, 100 ml Sahne, 250 g Quark, ½ Bund Schnittlauch, weißer Pfeffer und Salz zum Abschmecken

Zubereitung

Schritt 1 Die Kartoffeln schälen, waschen und in Stücke schneiden. In einem Topf mit Salzwasser in 15 Minuten weich kochen. Das Kochwasser abgießen, die Kartoffelwürfel in eine Schüssel geben, mit Sahne übergießen und für 3 Minuten stehen lassen.

Schritt 2 Die Kartoffel-Sahne-Mischung mit einem Kartoffelstampfer oder einer Gabel stampfen, das heißt eher zerdrücken, als rühren, bis ein lockerer Brei entsteht. Nicht mit dem Pürierstab arbeiten, sonst wird der Brei zäh und klebrig. Abkühlen lassen.

Schritt 3 Wenn der Brei nur noch lauwarm ist, den Quark unterrühren. Schnittlauch waschen, trocken schütteln und hacken. Den Kartoffelkas mit Schnittlauch, Salz und Pfeffer abschmecken.

TIPP: Wer es rustikal liebt, kann eine Prise Muskat und etwas gemahlenen Kümmel dazugeben.

RADIESCHEN-BROT MAL ANDERS

Fein aufgeschnittene Radieschen-Scheiben auf einer Scheibe Butterbrot und eine Prise Salz drüber – ein heißgeliebter Klassiker. Dann können Sie der aufgepeppten Variante erst recht nicht widerstehen. Dazu die Vinschgerl von Seite 99 halbieren und großzügig mit Kartoffelkas bestreichen. Radieschen waschen, Grün und Schwänzchen entfernen und in feine Scheibchen schneiden. Die Vinschgerl damit belegen, nach Geschmack noch eine Prise Salz über die Radieschen – fertig!

Vinschgerl

FÜR 12–15 STÜCK

500 g Roggenmehl Type 1150, 200 g Roggenmehl Type 610, 25 g Meersalz, 2 TL ungemahlener Fenchel, 1 TL ungemahlener Kümmel, 1 TL fein gemahlenes Brotgewürz, 1 TL Schabzigerklee, 1 Würfel (42 g) frische Hefe, 300 g Roggensauerteig oder 2 EL Trockensauerteig + 100 ml lauwarmes Wasser, ca. 500 ml lauwarmes Wasser, je nach Beschaffenheit des Sauerteiges

Backblech, mit Mehl bestreut

Zubereitung

Schritt 1 Beide Roggenmehle in eine große Schüssel sieben und gut mit Meersalz und allen Gewürzen mischen. Für den Vorteig eine Mulde in das Mehl drücken, die Hefe hineinbröseln und mit etwas lauwarmen Wasser und Mehl zu einem cremigen Brei rühren und etwa 10 Minuten an einem warmen, zuggeschützten Ort gehen lassen, bis sich Bläschen bilden.

Schritt 2 Den Sauerteig und das Wasser hinzufügen und alles in etwa 8 Minuten zu einem geschmeidigen Teig verkneten. Dabei das Wasser nicht auf einmal dazugeben. Wenn der Sauerteig schon sehr flüssig war, reicht oft etwas weniger Wasser. Der Teig soll möglichst weich gehalten werden, sich aber ballen. Abgedeckt in der Schüssel etwa 1 Stunde gehen lassen, bis er sich verdoppelt hat und sehr weich ist.

Schritt 3 Den fertig gegangenen Teig nicht mehr kneten, sondern mit einer Teigkarte etwa 200 g schwere Portionen abstechen. Nach dem Gehen sollte der Teig sehr weich sein, aber nicht zerlaufen. Die Teiglinge am besten mit Hilfe der Teigkarte auf ein mit Mehl bestäubtes Backblech setzen und mit etwas Mehl bestreuen. Die weichen Teigstücke legen sich beim anschließenden Gehen selbst in Form. Den Teig nicht mehr kneten oder fest drücken.

Schritt 4 Mit einem Leinentuch bedecken und weitere 45 Minuten gehen lassen. Den Ofen rechtzeitig auf 250 °C vorheizen. Unmittelbar vor dem Backen die Vinschgerl mit der Gabel mehrfach einstechen, auf der 2. Schiene von unten in den Ofen schieben. Nach 5 Minuten die Temperatur auf 220 °C reduzieren und in 15 Minuten fertig backen.

Zweierlei Thunfisch-Creme

AVOCADO-CILTRANO-TUNA

Zutaten für 2 Portionen: 1 Dose Thunfisch in Brine/eigenem Saft, z. B. von followfish, 1 Avocado, 2 Frühlingszwiebeln, 1 Schlangengurke, 4–5 Stängel frischer Koriander, Saft einer Limette (2 EL), 2 EL Salatcreme, Salz und Pfeffer zum Abschmecken

Schritt 1 Die Brine abgießen, den Thunfisch in eine Schüssel geben und mit der Gabel etwas auflockern. Die Avocado halbieren, von Kern und Schale befreien und in kleine Stückchen schneiden.

Schritt 2 Die Frühlingszwiebeln putzen und in feine Ringe schneiden. Die Schlangengurke waschen, längs vierteln und mit einem Messer die Kerne herausschneiden. Die Gurkenstücke nochmals der Länge nach halbieren, dann quer klein würfeln. Den Koriander abbrausen, trocken schütteln und fein hacken. Avocado, Gurke, Frühlingszwiebeln und Koriander zum Thunfisch geben.

Schritt 3 Eine Limette auspressen. Aus dem Saft, Salatcreme und einer Prise Salz und einer Prise Pfeffer ein Dressing rühren und mit der Thunfisch-Gemüsemischung vermengen.

THUNFISCH-PAPRIKA-KAPERN-CREME

Zutaten für 2 Portionen: 1 Dose Thunfisch in Öl, z. B. von followfish, 1 Schlangengurke, 1 rote Paprika, 2 EL eingelegte Kapern, Saft einer ½ Zitrone (1 EL), 3 EL Salatcreme, Salz und Pfeffer zum Abschmecken, 1 Msp. Cayennepfeffer

Schritt 1 Eventuell überschüssiges Öl abgießen, den Thunfisch in eine Schüssel geben und mit der Gabel etwas auflockern. Die Gurke waschen und fein würfeln (siehe Schritt 2 oben), die Paprika waschen, halbieren, Strunk, Kerne und die weißen Rippen entfernen und sehr klein würfeln. Die Kapern grob hacken. Thunfisch, Gurke, Paprika und Kapern in eine Schüssel geben.

Schritt 2 Die Zitrone auspressen. Aus Zitronensaft, Salatcreme und einer Prise Salz und einer Prise Pfeffer in einer kleinen Schüssel ein Dressing rühren und dieses mit der Thunfisch-Gemüse-Mischung vermengen. Mit etwas Cayennepfeffer pikant abschmecken.

TIPP: Fisch essen – ist das eigentlich überhaupt noch guten Gewissens möglich? Das ist eine komplexe Frage. Ich habe für mich die Produkte von followfish entdeckt. So kann ich sicher sein, dass der Fisch möglichst nachhaltig und ressourcenschonend gefangen wurde. Beim Thunfisch beispielsweise gilt die Angelruten-Fischerei als eine der nachhaltigsten Fangmethoden.

GEMISCHTES THUNFISCH-DOPPEL

Entweder entscheidet man nach Tagesform nach welchem der beiden Thunfischsalate einem gerade mehr zu Mute ist. Oder man baut sich ein de luxes Doppelsandwich aus 3 Scheiben Familienbrot von Seite 55 und zwei unterschiedlichen Lagen Salat.

Pulled Beef

FÜR 3–4 PORTIONEN

500 g Rindfleisch, z. B. aus der Nuss im Ganzen, 1 EL Butterschmalz oder neutrales Pflanzenöl zum Anbraten, 1 Portion BBQ-Sauce (S. 105), 500 ml Dr. Pepper (alternativ Cola), 3 Zwiebeln

Küchenhelfer: Dampfkochtopf (Mit einem normalen Topf verlängert sich die Garzeit deutlich!)

Zubereitung

Schritt 1 Die Zwiebeln schälen, halbieren und in Ringe schneiden. Das Rindfleisch im Dampfkochtopf mit etwas Butterschmalz oder Öl von allen Seiten scharf anbraten. Bei der letzten Fleischseite die Zwiebeln 2–3 Minuten mitbraten. Anschließend mit Dr. Pepper ablöschen. Das Fleisch sollte mindestens zu einem Drittel, besser bis zur Hälfte mit Flüssigkeit bedeckt sein und nicht am Topfboden haften. Eventuell etwas lockern und einmal den Sud durchrühren. Den Teil des Fleisches, der aus dem Sud ragt, mit 1–2 EL selbst gemachter BBQ-Sauce (siehe Seite 105) bestreichen.

Schritt 2 Den Schnellkochtopf nach Anleitung verschließen und auf die niedrigste Druckstufe bringen. Ist diese erreicht, beginnt die Garzeit von 90 Minuten. In einem normalen Topf verlängert sich die Garzeit auf 4–4,5 Stunden. Nach 90 Minuten den Topf vom Herd nehmen, mindestens 10 Minuten abkühlen lassen und nach Gebrauchsanweisung den Dampf ablassen.

Schritt 3 Nachdem der Druck vollständig abgebaut ist, kann der Topf geöffnet werden. Das Fleisch herausnehmen, es sollte weich und fasrig sein wie das Endstück eines zarten Sauerbratens. Ansonsten noch nachgaren. Den Sud durchrühren und im offenen Topf bei mittlerer bis großer Hitze deutlich einkochen lassen zu einer süßen Bratensoße. In der Zwischenzeit das Fleisch mit der Gabel zerfasern.

Schritt 4 Die eingekochte Soße mit Salz abschmecken. Auf einem Teller das Fleisch abwechselnd mit 1 EL BBQ-Sauce und 1 EL Braten-Soße verrühren, bis die gewünschte Konsistenz erreicht ist. Es sollte nicht in Soße schwimmen, aber jede Faser gut damit benetzt sein. Mit mehr BBQ-Sauce schmeckt es rauchiger, mit mehr Braten-Soße süßer – ganz nach Ihrem persönlichen Geschmack.

POTATO-FARMER-SANDWICH

Bauen Sie sich mit den Kartoffelbrötchen von Seite 107, der Barbecue-Soße von Seite 105 und zweierlei Krautsalat von Seite 105 das ultimative Sandwich im Street-Food-Style! Backen Sie dazu die Kartoffelbrötchen eher länglich und groß. Die Brötchen längs aufschneiden, dabei nicht ganz durchtrennen. Barbecue-Soße einträufeln. Eine Schicht klassischen Krautsalat einfüllen, dann großzügig Pulled Beef. Abschließend eine Schicht vom zweiten Krautsalat einfüllen, Deckel drauf und richtig zubeißen!

BBQ

BBQ-SAUCE

Zutaten für etwa 60 ml: 50 ml Tomatenketchup, 2 EL Balsamico Essig, 1 ½ TL Worcester(shire)sauce, 2–3 Tropfen Liquid Smoke Hickory zum Abschmecken

1 verschließbare Glasflasche

Ketchup, Essig und Worcester-Sauce mischen und mit Liquid Smoke abschmecken. 2–3 Tropfen Liquid Smoke sorgen für ein intensives Rauch-Aroma. Passen Sie es einfach an Ihren Geschmack an. In eine saubere Glasflasche abfüllen. Wer gerne BBQ-Sauce auf Vorrat haben möchte, macht einfach eine größere Menge und lagert die Flaschen im Kühlschrank wie Ketchup.

KLASSISCHER WEISSKRAUTSALAT

Zutaten für 4–6 Portionen: 500 g Weißkohl (geputzt und ohne Strunk), 2 Zwiebeln, 225 ml Tasse Kräuteressig, 75 ml neutrales Öl, 300 ml sprudelndes Mineral-Wasser, 100 g Zucker, ½ TL Pfeffer, 1 TL Salz

Schritt 1 Den Weißkohl putzen und mit der Küchenmaschine schreddern oder fein hobeln. Für den Salat brauchen Sie etwa 500 g fein gehobelten Kohl. Zwiebeln schälen und fein würfeln oder mitschreddern.

Schritt 2 Aus den restlichen Zutaten ein Dressing machen. Den Weißkohl in einer großen Schüssel mit dem Dressing vermischen, mit einem Deckel oder einem Teller zudecken und über Nacht ziehen lassen. Zum Servieren die gewünschte Menge Kohl abschöpfen oder einen Teil der Flüssigkeit abgießen.

AMERICAN COLE SLAW

Zutaten für 4–6 Portionen: 250 g Weißkohl, 100 g Rotkohl (beides geputzt und ohne Strunk), 150 g Karotten, 130 g Mayonnaise, 45 g Zucker, 2 EL Weißweinessig, 1 TL Senf, 1 TL Sellerie-Salz, Pfeffer zum Abschmecken

Den Weiß- und Rotkohl putzen, mit der Küchenmaschine schreddern oder fein hobeln, die Karotten waschen und fein raspeln. Mayonnaise mit Zucker, Weißweinessig, Senf und Sellerie-Salz glattrühren. Mit der Kohl-Mischung vermischen und mit Pfeffer abschmecken. Besonders gut am zweiten Tag – schmeckt aber auch sofort!

Kartoffelbrötchen

FÜR 10–12 BRÖTCHEN

500 g mehlig kochende Kartoffeln, 15 g frische Hefe, 375 g helles Hartweizenmehl oder Weizendunst + etwas zum Kneten, 1 ½ TL Salz, 1 Prise frisch geriebener Muskat, für deftige Brötchen 1 Prise gemahlener Kümmel

12 gewässerte Tontöpfchen ∅ 6 cm, mit Backpapier ausgelegt

Zubereitung

Schritt 1 Die Kartoffeln waschen, schälen und in 30 bis 45 Minuten in Wasser gar kochen. Dann abgießen und 175 ml Kochwasser zurückbehalten. Die Kartoffeln durch ein Sieb oder eine Kartoffelpresse drücken und abkühlen lassen, bis sie nur noch leicht warm, aber nicht mehr heiß ist.

Schritt 2 15 g Würfelhefe in etwa 100 ml Kartoffelwasser auflösen und etwa 10 Minuten stehen lassen. Hartweizenmehl oder Weizendunst in eine große Schüssel geben, für den Vorteig in die Mitte eine Mulde drücken und das Hefewasser eingießen. Mit etwas Mehl vom Rand einen weichen Brei anrühren und abgedeckt an einem warmen, zuggeschützten Ort zur doppelten Größe aufgehen lassen.

Schritt 3 Nun den Kartoffelbrei um den Vorteig herum in die Schüssel geben und mit 1 ½ TL Salz, frisch geriebenem Muskat und nach Geschmack etwas gemahlenem Kümmel würzen. Alles gut vermischen, eventuell noch etwas von dem Kartoffelwasser hinzufügen, bis ein weicher Teig entsteht.

Schritt 4 Den Teig auf ein mit Dunst oder Hartweizenmehl bestreutes Backblech stürzen und kneten, bis er sich ballt, also zu einer Kugel formt, glatt und weich ist. Nun mit einer Schüssel bedeckt gehen lassen, bis er seine doppelte Größe erreicht hat. Das kann je nach Raumtemperatur 1 bis 2 Stunden dauern! Legen Sie 12 unglasierte Tontöpfe (∅ 6 cm) mindestens 30 Minuten in kaltes Wasser ein, damit sie später im Ofen nicht platzen.

Schritt 5 Den Teig nach dem Gehen nochmals durchkneten, dann mit einer Teigkarte in 10 bis 12 Portionen teilen. Die Tontöpfchen mit etwas Backpapier auskleiden und zu etwa ²/₃ mit Teig befüllen.
Gut zugedeckt nochmals 30 Minuten aufgehen lassen. Den Ofen rechtzeitig auf 220 °C vorheizen. Die fertig gegangenen Brötchen mit Schwaden (siehe Seite 12) in den Ofen schieben. In 25 bis 30 Minuten goldbraun backen. Auf einem Gitter auskühlen lassen.

TIPP: Für Brötchen den Teig etwas fester halten und die Brötchen auf einem bemehlten Blech backen.

Manchmal ist eine Heißwurst im Brötchen einfach genau das Richtige! In den USA und in Dänemark sind unglaublich leckere Hot Dogs, bzw. Polser als Street Food nicht mehr wegzudenken.

German Hot Dog

FÜR 4 HOT DOGS

5 mittelgroße Zwiebeln, ½ Apfel, 4–5 EL Butterschmalz oder Rapsöl, 200–250 g frisches, ungewürztes Sauerkraut von der Fleischtheke, 2 Wacholderbeeren, 2 Nelken, 1 Lorbeerblatt, 125 ml Tomatenketchup, 2 TL Weißweinessig, 1 EL brauner Zucker, Cayennepfeffer nach Geschmack, ½ TL Zucker, ½ TL Salz, 4 Emmer-Semmeln von Seite 110, 4 Essiggurken, 4 Wiener Würstchen, 4 TL mittelscharfer Senf

Zubereitung

Schritt 1 Für das Sauerkraut 1 Zwiebel und ½ Apfel schälen und würfeln. Die Zwiebelwürfel in einem Topf mit ½ EL Butterschmalz oder Öl glasig anschwitzen, dann die Apfelstücke hinzugeben und kurz mitbraten. Das Sauerkraut dazugeben, auflockern und unter Rühren 1–2 Minuten mitbraten. Dann mit wenig Wasser (circa 150 ml) ablöschen und Wacholder, Nelken und das Lorbeerblatt hinzugeben. Abgedeckt kochen lassen. Regelmäßig umrühren, falls das Kraut zu trocken wird, noch etwas Wasser hinzugeben.

Schritt 3 In der Zwischenzeit für die Hot-Dog-Soße 2 Zwiebeln schälen, halbieren und in dünne Scheiben schneiden. In einem kleinen Topf in circa 1 EL Butterschmalz oder Öl glasig anbraten. 125 ml Ketchup, 2 TL Weißweinessig, 1 EL braunen Zucker und nach Geschmack Cayennepfeffer hinzugeben, umrühren und etwa 15 Minuten einköcheln lassen, bis die Zwiebeln ganz weich sind. Vom Herd nehmen und abkühlen lassen.

Schritt 4. Während die Hot-Dog-Soße einkocht, für die Röstzwiebeln die letzten beiden Zwiebeln schälen, halbieren und in feine Ringe Schneiden. Mit ½ TL Zucker und ½ TL Salz in einer Schüssel gut vermischen und etwa 10 Minuten ziehen lassen. In der Zwischenzeit die hellen Brötchen längs aufschneiden (nicht ganz durchschneiden) und die sauren Gurken längs in feine Scheiben schneiden.

Schritt 5 2–3 EL Butterschmalz oder Öl in einer großen Pfanne erhitzen. Die Zwiebelringe mit Küchenkrepp trocken tupfen und im heißen Fett schön kross und braun rösten. Mit einer Küchenzange wenden, eventuell noch etwas Fett zugeben. Die fertigen Zwiebeln auf einem Gitter abkühlen lassen.

Schritt 6 Das fertige Sauerkraut vom Herd nehmen – es sollte für die Hot Dogs nicht mehr ganz heiß sein. In einem Topf mit Wasser die Würstchen bei etwa 70 °C ungefähr 3 Minuten schonend erhitzen. Nicht kochen, sonst platzen sie! Nun den Hot Dog zusammenbauen: Die Schnittflächen der Brötchen mit Hot-Dog-Soße bestreichen. Je 1 Würstchen hineinlegen, Senf auf die Wurst geben und die Gurkenscheiben, Röstzwiebeln und das Kraut einschichten. Fertig!

Emmer-Semmeln

FÜR ETWA 10 STÜCK

700 g helles Emmermehl, 1 Würfel (42 g) frische Hefe, 320 ml lauwarmes Wasser, 150 ml leicht angewärmtes Emmerbier oder Weißbier, 30 ml heller milder Essig, 1 gehäufter TL Ursalz oder Salz

Backblech mit Backpapier

Zubereitung

Schritt 1 Das Emmermehl in einer großen Schüssel gut vermischen. Für den Vorteig in die Mitte eine Mulde drücken, die Hefe hineinbröseln und mit etwas lauwarmem Wasser zu einem Brei verrühren. An einem warmen, zuggeschützten Ort etwa 10 Minuten gehen lassen, bis sich Bläschen bilden.

Schritt 2 Die restlichen Zutaten um den Vorteig herum hinzufügen und mit der Küchenmaschine oder den Knethaken des Handmixers in etwa 10 Minuten zu einem geschmeidigen Teig verarbeiten. Diesen gut zugedeckt in der Schüssel etwa eine Stunde gehen lassen, bis er sich verdoppelt hat.

Schritt 3 Den aufgegangenen Teig auf ein bemehltes Arbeitsbrett stürzen und mit der Teigkarte in etwa 10 faustgroße Stücke teilen. Diese rund schleifen (siehe Seite 11), auf ein mit Backpapier ausgelegtes Blech setzten und nochmals 30 Minuten gehen lassen.

Schritt 4 Den Backofen rechtzeitig auf 240 °C vorheizen und die Emmersemmeln auf der zweiten Schiene von unten mit Schwaden (siehe Seite 12) in den Ofen schieben. Nach circa 15 Minuten den Dampf aus dem Ofen entweichen lassen, dann die Brötchen etwa 5 Minuten weiterbacken, bis sie sich schön bräunen. Auf einem Gitter auskühlen lassen.

SCHON GEWUSST?

Emmer wird auch Zweikorn genannt und ist ein echtes Steinzeitmehl: Er gehört zu den ältesten Getreidearten und enthält viel Eiweiß. Natürlich können Sie für das Rezept auch Weizenmehl verwenden.

Brotreste-Brot

FÜR 1,5 KG BROT

100 g altbackenes Roggenbrot, 200 ml kochendes Wasser zum Einweichen, 400 g Roggenmehl Type 1370, 200 g Dinkelvollkornmehl, 400 g Weizenmehl Type 1050, 1 Päckchen (11 g) Trockenhefe oder 1 Würfel (42 g) frische Hefe, 1 TL Zucker, 2 ½ TL Salz, 650 ml lauwarmes Wasser, 250 g Sauerteig oder 2 EL Trockensauerteig, 3 TL Brotgewürz (Fenchel, Korinander, Kümmel, Anis) fein gemahlen

1 Gärkörbchen 1500 g, rund oder oval, Backblech mit Backpapier

Zubereitung

Schritt 1 Das altbackene Brot sehr klein schneiden und rösten. Dann mit 200 ml kochend heißem Wasser übergießen, umrühren und die Mischung quellen lassen, bis sie nur noch lauwarm ist.

Schritt 2 Die Mehlsorten in einer großen Schüssel vermischen. Für den Vorteig in die Mitte eine Mulde drücken, die Hefe hineinbröseln und mit dem Zucker und etwas lauwarmem Wasser einen Brei anrühren. Etwa 10 Minuten warm und zuggeschützt gehen lassen, bis sich Bläschen bilden.

Schritt 3 Das Salz im lauwarmen Wasser auflösen, zusammen mit dem Altbrot, dem Sauerteig und dem Brotgewürz um den Vorteig herum in die Schüssel geben und alles mindestens 10 Minuten verkneten, bis der Teig schön geschmeidig, glatt und leicht feucht ist. Beim Kneten mit der Hand auf einem Brett arbeiten und den Teig immer mit dem Handballen ähnlich wie beim Rundwirken (siehe Seite 11) von innen nach außen in die die Länge ziehen und wieder nach innen zusammenschlagen. Dann von außen nach innen ziehen, den Teig drehen und den Vorgang wiederholen.

Schritt 4 Den Teig in einer Schüssel abgedeckt bis zu 2 Stunden gehen lassen, bis er sich verdoppelt hat. Dann rund wirken (Seite 11), mit dem Schluss nach oben in ein großzügig bemehltes Gärkörbchen legen und nochmals 30 Minuten gehen lassen. Rechtzeitig den Ofen auf 250 °C vorheizen. Das Brot nach dem letzten Gehen auf ein mit Backpapier ausgelegtes Backblech stürzen und mit Schwaden (siehe Seite 12) auf der 2. Schiene von unten in den Ofen schieben. Nach 10 Minuten Backzeit den Dampf entweichen lassen und die Temperatur auf 180 °C reduzieren. In circa 50 Minuten fertig backen. Klopfprobe! Auf einem Gitter auskühlen lassen.

TIPP: Wer gerade keine Brotreste hat, lässt sie einfach weg oder ersetzt sie durch 100 g eingeweichte Getreideflocken.

Sellerie-Creme

FÜR 4–6 PORTIONEN

1 mittelgroße Sellerie-Knolle, 1 Spritzer Zitronensaft für das Kochwasser, 2 säuerliche Äpfel, 1 Schalottte, 1 EL Pflanzenöl nach Wahl, z.B. Sonnenblumenöl, 1 EL Weißweinessig, 1 TL Zitronensaft, frisch gemahlener Pfeffer und Salz zum Abschmecken

Zubereitung

Schritt 1 Sellerie wird beim Kochen schnell braun und unansehnlich. Das verhindert man ganz einfach, indem man die Knolle ungeschält im Ganzen etwa 50 Minuten in Salzwasser mit einem Spritzer Zitronensaft kocht. Abgießen und abkühlen lassen. Dieser Schritt kann vorbereitet werden. Gekocht sollte die Sellerie-Knolle aber nicht zu lange aufbewahrt werden. Ich würde sie noch am gleichen Tag verarbeiten.

Schritt 2 Die Äpfel schälen, vierteln und das Kerngehäuse herausschneiden. Die Spalten anschließend in kleine Stückchen schneiden. Die Schalotte schälen und fein würfeln. Die Sellerieknolle großzügig schälen und in kleine Stücke schneiden.

Schritt 3 Aus Öl und Weißweinessig mit dem Zitronensaft eine Vinaigrette machen, mit Salz und Pfeffer abschmecken. Apfel-, Zwiebel- und Selleriestückchen in eine Schüssel geben und mit der Vinaigrette vermischen. Schon ist ein feiner Selleriesalat fertig. Für die Creme die Hälfte des Salats mit einem weiteren EL Öl pürieren.

SELLERIEHÄPPCHEN MIT APFEL UND BRATWURST

Brotreste-Brot von Seite 111 & Sellerie-Creme

Weitere Zutaten für 4 Sandwiches: 1 Apfel, 1 EL Öl Rapsöl zum Anbraten, Bratwürste nach Geschmack (z.B. 4–6 kleine Nürnberger Bratwürstchen), Senf (z.B. der selbst gemachte von Seite 68)

Schritt 1 Den Apfel waschen, vierteln, das Kerngehäuse herausschneiden und feine Apfelscheibchen schneiden. Die Bratwürste in einer Pfanne mit etwas Öl oder aber auf dem Grill knusprig braten. Schräg in Scheiben schneiden.

Schritt 2 4–6 Brotscheiben großzügig mit Selleriecreme bestreichen, kleine Schnittchen schneiden und fächerförmig mit Apfelscheiben und/oder Wurst belegen.

Semmelknödel-Burger

4 –6 VINSCHGERL von Seite 99 & **RADIESCHEN-HÜTTENKÄSE** von Seite 19

Weitere Zutaten für 4 Portionen: 3–4 kalte Semmelknödel vom Vortag, 1 EL Butterschmalz zum Anbraten, 8–10 Salatblätter, 4–6 Radieschen, 1 Kressebox

Zubereitung

Schritt 1 Die Semmelknödel jeweils in 3–4 dicke Scheiben schneiden. Die Scheiben in Butterschmalz von beiden Seiten in einer Pfanne anbraten.

Schritt 2 In der Zwischenzeit die Salatblätter waschen und trocken schleudern. Vinschgerl aufschneiden und nach Geschmack kurz auf der Innenseite antoasten. Die Radieschen waschen, putzen und in feine Scheibchen schneiden, die Kresse abschneiden.

Schritt 3 Die untere Hälfte der Vinschgerl mit Salat belegen und großzügig mit Cottage Cheese bestreichen. Mit Radieschenscheiben und Kresse garnieren und mit den warmen, buttrigen Semmelknödelscheiben (circa 3 Scheiben pro Vinschgerl) belegen. Deckel dünn mit Cottage Cheese bestreichen und den »Burger« zuklappen. Direkt genießen!

JULIETTA'S TIPP

Oft bleiben Semmelknödel vom Vortag übrig. Oder es müssen ohnehin einige alte Brötchen weg? Eine Semmelknödelmasse ist schnell gemacht und kann übrigens auch ohne Vorkochen in einer beschichteten Pfanne mit etwas Öl gebraten werden wie Frikadellen.

Veganes Seitan-Gyros

DINKEL-PITAS von Seite 66, 2–3 Stück & **ESTRAGON-SENF-SOSSE** von Seite 80

Weitere Zutaten für 2–3 große Portionen:

Für das vegane Gyros: 100 g Seitanfix natur von Davert (Glutenmehl), 1 gehäufter EL Semmelbrösel, ½ TL frisch gemahlener Pfeffer, ½ TL Salz, 1 TL scharfes Paprikapulver, 1 gehäufter TL Gyrosgewürz, ½ TL gemahlene Koriandersamen, jeweils 1 gute Prise getrockneter Thymian und Oregano, 100 ml Wasser, 1 Zwiebel, 1–2 kleine Knoblauchzehen, 1 EL Tomatenmark, ½ EL Sojasoße, 1 ½ EL Rapsöl

Gemüse zum Belegen: 1 Romana-Salat-Herz oder ca. ¼ Kopf Eisbergsalat, 1 Handvoll geschnittener Rotkohl, ½ Schlangengurke, 2 Tomaten, 3 EL Weißkrautsalat (z. B. von Seite 105)

Zubereitung

Schritt 1 Für das Seitan-Gyros Seitanfix, alle trockenen Gewürze und die Semmelbrösel in einer Rührschüssel vermischen. Die restlichen Zutaten mit dem Wasser in einem hohen Gefäß pürieren. Dazu zuvor Zwiebel und Knoblauch schälen und grob zerkleinern. Das ergibt circa 200 ml Flüssigkeit. Diese zu den trockenen Zutaten geben und zügig mit den Knethaken eines Küchenmixers verkneten. Es bildet sich eine feste, zähe Masse, die in der Regel nicht klebt und sich nur schwer auseinanderziehen lässt.

Schritt 2 Die Masse in ein hitzebeständiges schmales Glasgefäß geben, z. B. ein größeres Einmachglas, und sie gut festdrücken. Das Glas in einen tiefen Topf stellen und diesen bis zur Hälfte des Glases mit Wasser füllen. Das Wasser langsam zum Kochen bringen und den Seitan etwa 90 Minuten bei geringer Hitzezufuhr im Wasserbad garen. Dabei regelmäßig heißes Wasser nachgießen, wenn das komplette Wasser verdampft, könnte das Glas springen. Nach 90 Minuten das Glas herausnehmen und abkühlen lassen. Im Kühlschrank etwa 2 Tage haltbar und gut vorzubreiten.

Schritt 3 Den Salat waschen, trocken schleudern und in feine Streifen schneiden. Den geputzten Rotkohl ganz fein schneiden. Gurken und Tomaten waschen, den Strunk entfernen und in Scheiben schneiden. Den Seitan in Gyrosoptik schnetzeln und in einer kleinen Pfanne mit etwas neutralem Öl scharf anbraten, bis die Stücke knusprig und goldbraun sind.

Schritt 4 Das Pitabrot im Backofen oder Toaster kurz etwas erwärmen, seitlich öffnen und innen mit etwas Estragon-Senf-Soße beträufeln. Mit Salaten, Gemüse und Seitan-Gyros füllen und großzügig Soße dazugeben.

Es soll komplett vegan sein? Bei der Estragon-Senf-Soße Joghurt und Frischkäse durch 100–150 ml Sojajoghurt und eventuell ½–1 EL vegane Salatcreme ersetzen.

Tex-Mex Baked Beans

FÜR 2 PERSONEN ZUM SATTESSEN

1 Zwiebel, 1 ½ rote Paprikaschoten, ½ Zucchini, 1 TL Butterschmalz, 300–350 g gemischtes Hackfleisch, 1 Dose (415 g) Baked Beans, 2 EL Tomatenmark, 1 Msp. gemahlener Kreuzkümmel, 1 Msp. edelsüßes Paprikapulver, schwarzer Pfeffer, Salz und Cayennepfeffer zum Abschmecken

Zubereitung

Schritt 1 Die Zwiebel schälen und fein hacken. Die Paprika waschen, halbieren und den Strunk, die Kerne und die hellen Rippen entfernen. In Streifen und dann in kleine Würfel schneiden.

Schritt 2 Die Zucchini waschen und den Stiel abschneiden. Dann längs vierteln und die Kerne mit einem Messer herausschneiden. Die Zucchini-Viertel nochmals längs halbieren, dann in kleine Stücke schneiden.

Schritt 3 In einer Pfanne mit etwas Butterschmalz die Zwiebeln glasig anschwitzen, dann das Hackfleisch dazugeben und anbraten, bis es krümelig wird. Nun Paprika und Zucchini hinzugeben und etwa 3–4 Minuten mitbraten. Anschließend die Baked Beans hinzugeben, mit Tomatenmark und den Gewürzen abschmecken und weitere 3–4 Minuten einkochen lassen.
Schmeckt am besten lauwarm!

TEX-MEX-BRÖTCHEN

Emmer-Semmeln von Seite 110, 2 Stück & Tex-Mex Baked Beans
Weitere Zutaten für 4 Portionen: 1–2 EL eingelegte Jalapeños

Hunger wie ein Cowboy am Lagerfeuer? – Die Brötchen längs halbieren und etwas aushöhlen.
Die Jalapeños in feine Scheibchen schneiden. Die Brötchenhälften großzügig mit den Baked-Beans befüllen und nach Geschmack mit Jalapeños garnieren.

TIPP: Wer es richtig heiß mag, streut noch etwas geriebenen Cheddar auf die gefüllten Brötchen und überbäckt sie kurz bei 200 °C im vorgeheizten Backofen, bis der Käse schön schmilzt.

Obazda

FÜR 4 PORTIONEN

200 g zimmerwarmer Brie, 20 g zimmerwarme Butter, 1 Zwiebel, 1–2 Lauchzwiebeln, 2 EL Sauerrahm, 1 TL mittelscharfer Senf, 30 ml helles Bier nach Wahl, 1–2 TL Paprika-Pulver ($\frac{1}{3}$ scharf und $\frac{2}{3}$ edelsüß, oder nach individuellem Geschmack), 1–2 Msp. gemahlener Kümmel, $\frac{1}{2}$ TL gemahlener Pfeffer

Zubereitung

Schritt 1 Zuerst den Brie grob von der Rinde befreien und grob in Stücke schneiden. Die Rinde ruhig aufbewahren, sie schmeckt zwischendurch auch gut auf dem Brot. Vielleicht mit etwas Stachelbeer-Aprikosen-Chutney von Seite 29. Alternativ die Rinde sehr fein hacken und im zweiten Schritt mit in die Masse geben. Die Zwiebel schälen und sehr fein hacken. Die Lauchzwiebeln waschen, putzen und in feine Ringe schneiden.

Schritt 2 Den Brie und die Butter zusammen mit Sauerrahm, Senf, Zwiebelstückchen und ca. 30 ml von einem hellen Bier in eine Schüssel geben und mit einer Gabel zerdrücken und vermengen. Der Obazde darf ruhig noch eine etwas grobe Konsistenz haben. Gewürze untermischen und mit Lauchzwiebelringen garnieren.

EIN DEFTIGES DUO

Obazder passt hervorragend zum Laugengebäck von Seite 21. Dazu braucht es eigentlich nicht mehr als ein paar Lauchzwiebeln! Gut schmecken dazu aber auch frische Kirschtomaten oder Paprikastreifen.

PEANUT BUTTER
CUP

Kapitel 5

ZUCKER SÜSSE Schnittchen

Pflaumen, Zwetschgen, Renekloden, Mirabellen – Alle haben im Spätsommer Saison und schmecken herrlich süß-sauer. Sie passen nicht nur zu süßen Gerichten, sondern auch zu Herzhaftem.

Zwetschgen-Mus

FÜR 2 GLÄSER À 250 ML

1–1,2 kg frische, noch unentkernte Zwetschgen, 200 g brauner Zucker

2 vorbereitete Marmeladengläser (siehe Seite 15)

Zubereitung

Schritt 1 Die Zwetschgen putzen, entsteinen und halbieren. Mit Zucker in einem Topf vermischen und mindestens 8 Stunden, am besten über Nacht abgedeckt ziehen lassen.

Schritt 2 Die Zwetschgen-Zucker-Mischung einmal kräftig durchrühren. Ab jetzt darf das Zwetschgenmus nicht mehr gerührt werden – auch wenn es sehr verlockend ist –, sonst brennt es leicht an. Den Topf auf den Herd setzen, aufkochen lassen und bei eher niedriger Hitzezufuhr 2–3 Stunden langsam einköcheln lassen.

Schritt 3 Noch heiß in frisch sterilisierte Gläser geben und dann fest verschließen. Das Zwetschgenmus hält sich in der Regel im sauberen, geschlossenen Glas sehr lange, ähnlich wie Marmelade. Geöffnet kühl lagern und schnell verbrauchen.

ZWETSCHGENWECKERL MIT PISTAZIEN

Hefebrötchen von Seite 126 & Zwetschgen-Mus
Weitere Zutaten pro Stück: ½ frische Feige, 1 TL ungesalzene Pistazien, 1 EL Frischkäse

Schritt 1 Die Feigen waschen und in dünne Scheiben schneiden. Die Pistazien falls nötig schälen und dann grob hacken.

Schritt 2 Die Hefe-Semmeln längs halbieren, die untere Hälfte großzügig mit Frischkäse und dann mit Zwetschgenmus bestreichen. Mit Feigenscheiben belegen und die Pistazien darüber streuen.

Hefebrötchen

FÜR 10 BIS 12 STÜCK

500 g Dinkelmehl Type 1050, 25 g frische Hefe, 1 EL Honig, 310 ml lauwarme Milch, ¼ TL Salz, 50 g sehr weiche Butter, etwas Zimt nach Geschmack, 3 EL Milch zum Bestreichen, 3 EL Mandelblättchen zum Bestreuen

Backblech mit Backpapier

Zubereitung

Schritt 1 Das Dinkelmehl in eine große Schüssel sieben. Für den Vorteig in die Mitte eine Mulde drücken, die Hefe hineinbröseln und mit dem Honig und einigen Esslöffeln der lauwarmen Milch einen cremigen Brei rühren. 10 Minuten abgedeckt an einem warmen, zuggeschützten Ort gehen lassen, bis sich Bläschen bilden.

Schritt 2 Die restliche Milch, das Salz und die weiche Butter um den Vorteig herum in die Schüssel geben und alles zügig zu einem geschmeidigen Teig vermengen. Dabei nicht kneten, sondern nur so lange rühren, bis alle Zutaten eine homogene Masse gebildet haben. Zugedeckt in der Schüssel etwa 45 Minuten gehen lassen, bis sich der Teig verdoppelt hat.

Schritt 3 Den Teig auf ein leicht bemehltes Backbleck stürzen, nicht mehr durchkneten, sondern mit einer Teigkarte 10 bis 12 Portionen abstechen. Diese wie beim Knödeldrehen ohne viel Druck zu Kugeln schleifen (siehe Seite 11), leicht länglich rollen und mit genug Abstand auf ein mit Backpapier ausgelegtes Backblech setzen. Nochmals etwa 20 Minuten gehen lassen, in der Zwischenzeit den Ofen auf 230 °C vorheizen. Direkt vor dem Backen mit lauwarmer Milch bestreichen und mit den Mandelblättchen bestreuen, im vorgeheizten Ofen in circa 20 Minuten goldbraun backen.

Bitterlemon-Grapefruit-Gelee

FÜR ETWA 4 GLÄSER

400 ml heller Grapefruitsaft, 600 ml Bitter Lemon, 1 kg Gelierzucker für Gelee (hier von Diamant für ein Mischverhältnis 1:1. Ansonsten Zuckermenge nach Herstellerangabe anpassen)

4–5 vorbereitete Marmeladengläser (siehe Seite 15)

Zubereitung

Schritt 1 Den Fruchtsaft, das Bitter Lemon und den Gelierzucker in einem großen Kochtopf vermischen und unter Rühren zum Kochen bringen. Bei starker Hitze 4 Minuten kochen lassen.

Schritt 2 Das fertige Gelee kochend heiß in frisch sterilisierte Marmeladengläser füllen, darauf achten, dass die Ränder sauber bleiben, und fest verschließen. Schraubgläser für einige Minuten auf den Kopf stellen, dann wenden. Durch das entstehende Vakuum und den hohen Zuckergehalt ist das Gelee viele Monate haltbar.

ANNELIE'S TIPP

Hefeteig kann man auch über mehrere Stunden im Kühlschrank gehen lassen (siehe Seite 9) – Den Teig für Hefeweck, Brioche und Co. für den Sonntagsbrunch also am Vorabend vorbereiten, gemütlich ausschlafen und ofenfrische Hefeteilchen genießen!

Pink-Grapefruit-Breakfast

HEFEBRÖTCHEN von Seite 126 & **BITTERLEMON-GRAPEFRUIT-GELEE** von Seite 127

Weitere Zutaten für 4 Portionen: ¼–½ Wassermelone (je nach Größe), 1 Pink Grapefruit, 1–2 Nektarinen, 1–2 Stängel Minze, 50–80 g Frischkäse (Rahmstufe)

Zubereitung

Schritt 1 Für den Pink-Grapefruit-Salat die Wassermelone schälen und entkernen (siehe Tipp) und in etwa 1 cm kleine Stücke schneiden. Die Grapefruit filetieren und in Stücke schneiden. Alternativ breche ich die Grapefruit auf und löse das Fruchtfleisch vorsichtig von der Schale. Die Nektarinen waschen, trocknen, halbieren, vom Kern befreien und in Stücke schneiden. Die Minze waschen, fein hacken. Alles in einer Schüssel zu einem frischen Obstsalat vermischen.

Schritt 2 Die Hefebrötchen aufschneiden und die untere Hälfte zuerst mit Frischkäse und dann mit Gelee bestreichen. Obstsalat dazu reichen oder etwas davon als fruchtiges Topping auf die Brötchen legen. Die obere Hälfte als Deckel aufsetzen oder ebenso belegen.

JULIETTA'S TIPP

Um eine Wassermelone zu entkernen wie ein Profi, die halbierte Frucht auf die Schnittfläche stellen und den »Kuppel-Deckel« waagrecht abschneiden. Dann die Schale gleichmäßig 4–5 Mal senkrecht etwa 1,5 cm tief einschneiden. Nun ein beliebiges Stück Melone rausbrechen: Normalerweise bricht die Melone genau dort, wo die Kerne sitzen. Diese können dann mit einem Löffel leicht entfernt werden.

Dinkel-Brioches

FÜR 12 STÜCK

350 g Dinkelmehl Type 1050, 15 g frische Hefe, 1 TL Honig, 100 ml lauwarme Milch, 2 zimmerwarme Eier, 150 g weiche Butter, 1 Eigelb und 2 EL Sahne zum Bestreichen

12er Muffin-Form mit Papierförmchen oder Backblech mit Backpapier

Zubereitung

Schritt 1 Das Mehl in eine große Schüssel sieben. Für den Vorteig eine Mulde hineindrücken, die Hefe hineinbröseln, den Honig und die lauwarme Milch hinzugeben und einen Brei anrühren. Zugedeckt circa 10 Minuten an einem warmen, zuggeschützten Ort gehen lassen, bis sich Bläschen bilden.

Schritt 2 Eier und Butter um den Vorteig herum hinzufügen und mit dem Knethaken etwa 10 Minuten ohne Zugabe von Mehl zu einem glatten weichen Teig verkneten. Mit bemehlten Händen lässt sich der weiche Hefeteig später gut verarbeiten. Zugedeckt etwa 40 Minuten gehen lassen, bis sich das Volumen verdoppelt hat. In der Zwischenzeit die Muffinförmchen in das Blech setzen.

Schritt 3 Den Teig, ohne ihn zu heftig durchzukneten, zu einer Rolle formen und mit der Teigkarte in 12 gleichmäßige Portionen teilen. Von diesen 12 Teilen noch einmal je ein Drittel abteilen. Mit den Händen 12 große und 12 kleine Kugeln formen, in die Mitte der großen Teigbälle eine tiefe Mulde drücken und sie dann in die Förmchen oder auf das Backblech legen. Die kleineren Kugeln kurz in Wasser tauchen und in die Vertiefungen setzen. Nochmals 20 bis 30 Minuten gehen lassen.

Schritt 4 Den Backofen auf 200 °C vorheizen. Eigelb und Sahne verquirlen und kurz vor dem Backen die Brioches damit bestreichen. In etwa 15 bis 20 Minuten auf der zweiten Schiene von unten hellbraun backen. Nach dem Backen aus dem Blech nehmen und auf einem Gitter auskühlen lassen.

ANNELIE'S TIPP

Sie können den Teig auch als Brioche-Brot in einer großen Kastenform backen.

Red Currant & Strawberry Curd

FÜR ETWA 3–4 GLÄSER

150 g Erdbeeren, 150 g rote Johannisbeeren, 3 sehr frische Eier (Zimmertemperatur), ½ Bio-Zitrone, 150 g Butter, 300 g Zucker

Je nach Größe 3–4 vorbereitete Einmachgläser (siehe Seite 15)

Zubereitung

Schritt 1 Die Beerenfrüchte waschen und gut abtropfen lassen. Die Erdbeerstrünke entfernen und die Johannisbeeren von den Rispen lösen. Die Beeren gemeinsam in einer Schüssel pürieren, anschließend durch ein feines Sieb streichen, sodass alle Kerne herausgefiltert werden. Für die Mühe wird man später mit einem samtigen Curd belohnt.

Schritt 2 Die Eier rechtzeitig aus dem Kühlschrank nehmen und in einer kleinen Schüssel gut verquirlen, dann beiseitestellen. Den Saft einer halben Zitrone auspressen und mit den passierten Früchten und 150 g Butter in einen Topf geben. Die Mischung langsam bei niedriger bis mittlerer Hitzezufuhr erwärmen, sodass die Butter schmilzt.

Schritt 3 Nun den Zucker dazugeben und unter ständigem Rühren auflösen, dabei weiter erhitzen, bis das Beerengemisch einmal kurz sprudelnd aufkocht. Wenn es einmal richtig gesprudelt hat, den Topf von der Herdplatte ziehen, damit es etwas abkühlen kann.

Schritt 4 Ab jetzt darf die Masse nicht mehr kochen, sonst flocken die Eier aus, also am besten die Kochplatte ausschalten. Wenn das Beerengemisch noch heiß ist, aber nicht mehr kocht, kann der Topf wieder auf die Restwärme der Herdplatte. Nun die verquirlten Eier unter Rühren hinzufügen. Anschließend weiter rühren, bis der Curd andickt. Dafür auf der noch warmen, aber ausgeschalteten Kochplatte arbeiten.

Schritt 5 Den heißen Curd sofort in die Gläser füllen. Da Curd Butter und Eier enthält ist er wesentlich weniger lange haltbar als Marmelade, im Kühlschrank etwa 10 Tage. Größere Vorräte in kleineren Portionen einfrieren und dann nach Bedarf auftauen.

TIPP: Wer Sorge hat, dass das Ei im Curd ohne Kochen nicht heiß genug erhitzt wird und Salmonellen fürchtet, kann sicher gehen, indem er mit einem Patisserie-Thermometer kontrolliert, dass die Beerenmasse noch über 70 °C hat.

BEEREN-BRIOCHES

Nein, das ist kein Cup Cake. Aber mindestens genau so lecker: Mit dem Curd, etwas Frischkäse und den Brioches von Seite 131 lassen sich himmlische Törtchen zaubern. Mit einer Johannisbeer-Rispe oder frischen Erdbeeren garnieren.

Peanutbuttercup Aufstrich

FÜR 4–5 PORTIONEN

2 EL Erdnussmus crunchy ungesalzen, z. B. aus dem Bioladen, 1–2 EL Ahornsirup (mild, Grade A), 1 Prise Salz, 3 EL Nussnougat-Mus

Zubereitung

Schritt 1 In einer kleinen Schüssel das Erdnussmus mit Ahornsirup und einer Prise Salz vermischen. Wenn man fertige Erdnussbutter verwenden möchte, kann je nach Sorte auf den Ahornsirup und die Prise Salz verzichtet werden

Schritt 2 Abwechselnd 1 EL Nussnougatmus und 1 EL Erdnussmus in ein Glas oder Schälchen füllen und mit einem Messer schlangenlinienförmig etwas marmorieren.

TIPP: Passt gut zu Toastbrot. Nach Geschmack mit salzigen Erdnüssen oder Schokostreuseln garnieren.

FRENCH-TOAST-ROLL-UPS

Einkorn-Toast von Seite 72 & Peanutbuttercup Aufstrich, 1 Portion
Weitere Zutaten für 6 Röllchen: Je nach Größe 6–12 Marshmallows, 1 Ei, 2 EL Milch, etwas Pflanzenöl für die Pfanne

Schritt 1 6 Toastscheiben mit einem Nudelholz ganz platt walzen und die Rinde abschneiden. Nun die Brotscheiben zu Hälfte mit Peanutbuttercup-Aufstrich bestreichen. Die Marshmallows je nach Größe längs halbieren und in einer Linie auf die bestrichene Hälfte der Toastscheiben legen. Die Toastscheiben jeweils so aufrollen, dass sich die Brotränder leicht überlappen. Eventuell übergangsweise mit Zahnstochern fixieren.

Schritt 2 Das Ei mit der Milch verquirlen. Die Toastrollen in eine flache Schale legen, mit der Eiermilch übergießen und darin wenden, bis alle Seiten gut benetzt sind. Besonders die überlappende Toastkante sollte gut getränkt sein.

Schritt 3 In einer beschichteten Pfanne etwas neutrales Pflanzenöl erhitzen und die Toaströllchen (ohne Zahnstocher) vorsichtig mit der überlappenden Kante nach unten in die Pfanne legen. Von allen Seiten bei mittlerer bis niedriger Hitze anbraten. Vorsicht! Der Marshmallow schmilzt dabei und ist sehr heiß, wenn man ihn auf die Haut bekommt. Deshalb ist auch beim Herausnehmen der Roll-ups etwas Fingerspitzengefühl gefragt.

Kamut-Scones

FÜR 12 STÜCK

250 g helles Kamut-Mehl oder 300 g einfaches Weizenmehl (Type 405) + Zugabe, 1 ½ TL Weinsteinbackpulver, 75 g kalte gewürfelte Butter, 50 g feinster kristalliner Rohrohrzucker (Syramena) oder einfach nur Zucker, ¼ TL Salz, 125 ml Milch, 1 Ei, Mark einer halben Vanilleschote, 1 Eigelb und 2 EL Milch zum Bestreichen

Backblech mit Backpapier

Zubereitung

Schritt 1 Den Ofen auf 200 °C vorheizen. Das Mehl in einer großen Schüssel mit dem Backpulver mischen und die kalte, gewürfelte Butter mit einer Teigkarte unter das Mehl hacken bis es krümelt. Bei uns in Bayern sagt man »wuzelt«, das geht auch sehr gut mit den Händen, indem man Mehl und Butter zwischen den Händen zerreibt.

Schritt 2 Zucker, Salz, Milch, Ei und Vanillemark hinzufügen und mit den Knethaken des Handmixers einkneten, bis der Teig sich ballt. Der Teig wird relativ weich. Geduldig kneten und gerade nur so viel zusätzliches Mehl zugeben, dass der Teig mit mehligen Händen ohne Verkleben berührt werden und auf einer gut bemehlten Arbeitsfläche zu einem etwa 2 cm dicken Fladen gedrückt werden kann.

Schritt 3 Mit einem Glas mit etwa 7 cm Durchmesser Kreise ausstechen und diese auf ein mit Backpapier ausgelegtes Blech setzen. Die Teigreste zügig zusammenkneten und erneut ausstechen. Die Milch mit dem Eigelb verquirlen und die Scones vor dem Backen damit bestreichen. Je nach Ofen in 15 bis 20 Minuten im vorgeheizten Ofen backen, bis sich die Scones nur ganz leicht goldgelb färben.

TIPP: Mit 2 EL gequetschtem Mohn oder 2 EL getrockneten Cranberries leckere Varianten zaubern.

ANNELIE'S TIPP

Die Scones lassen sich super auf Vorrat herstellen. Dazu nur etwa 12 Minuten backen, sodass sie noch blass sind.

Kirsch-Cola-Fruchtaufstrich

FÜR 4 GLÄSER À 250 ML

600 ml Cola, 60 g getrocknete Sauerkirschen, 1 kg frische Süßkirschen, 500 g Gelierzucker 2:1

Etwa 4 vorbereitete Marmeladengläser (siehe Seite 15)

Zubereitung

Schritt 1 Die Cola in einem Topf 20 Minuten sprudelnd einkochen, bis die Flüssigkeit etwa auf die Hälfte reduziert ist. Inzwischen die getrockneten Sauerkirschen fein hacken, die frischen Kirschen waschen und entsteinen. Mit einem handelsüblichen Kirschentkerner oder einfach mit einem Messer aufschneiden und den Kern herausnehmen.

Schritt 2 Einen großen Kochtopf auf eine Küchenwage stellen, die Skala auf 0 Stellen und die eingekochte Cola einfüllen. Mit Süßkirschen auffüllen, bis insgesamt 940 g erreicht sind. Die Mischung pürieren, dann die getrockneten Sauerkirschen und den Gelierzucker hinzufügen.

Schritt 3 Die Mischung unter ständigem Rühren zum Kochen bringen und bei starker Hitze unter Rühren 3 Minuten sprudelnd kochen lassen. Anschließend noch heiß in die ausgekochten Gläser abfüllen, dabei darauf achten, dass keine Marmelade an den Rand gelang. Hierfür gibt es praktische Marmeladen-Trichter. Die Schraubdeckel fest aufdrehen und für einige Minuten auf den Kopf stellen, damit ein Vakuum entstehen kann. Gläser mit Gummiring brauchen nicht auf den Kopf gestellt werden.

ENGLISH-TEA-TIME-SCONES MIT KIRSCH-COLA-FRUCHTAUFSTRICH

Die Kamut-Scones von Seite 136 schmecken köstlich mit diesem Fruchtaufstrich:
Die Scones aufschneiden und mit etwas sahnigem Frischkäse bestreichen – oder klassisch englisch mit Clotted Cream, einem Streichrahm aus unpasteurisierter Kuhmilch.
Dann den Fruchtaufstrich als Topping daraufgeben und zum Nachmittagstee genießen.
Schmeckt natürlich auch zu jeder anderen Tageszeit mit einem Tässchen Earl Grey, einer kalten Cola oder einer Kirsch-Schorle.

Rezeptverzeichnis

BROTE & BRÖTCHEN

alphabetisch

AUFSTRICHE & CO.

alphabetisch

nach Kategorien

Fisch

Fleisch

süß

vegan

SANDWICH-IDEEN

alphabetisch

nach Kategorien

Wir danken folgenden Firmen für die Unterstützung mit hochwertigen und nachhaltigen Zutaten, dem tollen Pürierstab und den wunderschönen Brettchen, Brotboxen und Porzellan für die Fotoproduktion.

JULIETTA SAGT DANKE

Mein Dank gilt meinem wunderbaren Mann, der – nicht zum ersten Mal – sowohl durch Taten als auch durch seine reine Anwesenheit geglänzt hat. Ich habe mich so oft sagen gehört »Wir schreiben ein Buch« und so hat es sich auch angefühlt. Denn alle emotionalen Höhen und Tiefen sowie schwere Einkaufstüten und kulinarische Experimente hat der Mann getragen – mit beeindruckender Ruhe und Gelassenheit. Was das für mich bedeutet, ist kaum auszudrücken. Danke.

Für die bereitwillige Herausgabe ihrer persönlichen Rezepte, ihre Unterstützung und große (Mit-)Begeisterung möchte ich meiner Familie danken! Im Besonderen meiner Mutter für ihren Geflügelsalat, meiner Schwiegermutter für ihr Eiersalatrezept und meiner Schwiegerschwester für Geheimtipps zum Kochen des weltbesten Zwetschgenmuses. Meinem Vater möchte ich besonders fürs Kartoffelschälen danken und für engagierte Foto-Assistenz in anstrengenden Zeiten.

Danke liebe Steffi von *schmecktwohl.de* für unerbittliche Motivationsarbeit und stundenlange Telefonate!

Jenny, Lisa und Veronika – lieben Dank für die offene Beantwortung meiner Fragen.

Besonderer Dank gilt zudem meiner Lektorin Sonja Forster vom BLV Verlag für ihr großes Interesse, die professionelle Betreuung und die geteilte Kochleidenschaft. Ich habe mich sehr gut aufgehoben gefühlt.

Zuletzt eine kleine Nachricht an mein Kind – heute, als ich diese Worte schreibe – bist Du noch in meinem Bauch. Keiner hat dieses Buchprojekt so eng begleitet, wie Du. Wenn diese Worte gedruckt sind, bist Du endlich auf der Welt. Ich kann es kaum erwarten!

Alles Liebe – deine Mama.

ANNELIE SAGT DANKE

Ein kurzer Dank, der aber den Wichtigsten in meinem Leben gilt, meiner Großfamilie, die mir Kraft und Ausdauer für immer neue Projekte gibt.

Widmen möchte ich dieses Buch meinem ersten Enkelkind Anton, das dieses Jahr zur Welt gekommen ist. Sei genügsam und zufrieden ein Leben lang, deine Muinaoma!

ÜBER DIE AUTORINNEN

Julia Waldmann bloggt seit 2014 auf www.juliettaseasons.com über saisonale Themen. Seither beschäftigt sie sich intensiv mit Food Photography. Die Kochleidenschaft besteht bereits um einiges länger. Dies ist ihr erstes Kochbuch.

Annelie Wagenstaller war, als sie mit 21 Jahren die Meisterprüfung ablegte, die jüngste Müllermeisterin Deutschlands. Sie betreibt in fünfter Generation eine idyllisch gelegene, historische Mühle im Chiemgau, die man in Führungen besichtigen kann. Im angegliederten Naturkostladen werden – neben Mehl und Brot – auch andere Produkte der Region verkauft. Frau Wagenstaller veranstaltet gut besuchte Brotbackkurse. Weitere Infos: www.wagenstallermuehle.de

Impressum

Bibliografische Information der Deutschen Nationalbibliothek

Die Deutsche Nationalbibliothek verzeichnet diese Publikation in der Deutschen Nationalbibliografie; detaillierte bibliografische Daten sind im Internet über http://dnb.d-nb.de abrufbar.

BLV Buchverlag GmbH & Co. KG
80636 München

www.facebook.com/blvVerlag

Bildnachweis
Julia Waldmann: 1, 2/3, 4 or, 4 ul, 4 ur, 14, 16, 18, 23, 25, 28, 30, 35, 36, 38, 43, 45, 48, 55, 57, 59, 60, 62, 64, 69, 71, 74, 79, 81, 83, 84, 88, 91, 93, 94, 96, 101, 103, 104, 108, 113, 115, 117, 118, 120, 122, 124, 128, 133, 135, 139; Peter Raider: 4 ol, 6, 8, 10, 11, 20, 33, 40, 50, 73, 86, 98, 106, 130, 137, sw-Portraits der Autorinnen
Grafiken: Julia Romeiß

Umschlagkonzeption und Gestaltung: Julia Romeiß
Umschlagfotos:
Vorderseite: Julia Waldmann
Rückseite: Julia Waldmann (links, rechts), Peter Raider (Mitte)

Lektorat: Sonja Forster
Herstellung: Angelika Tröger
Layoutkonzept Innenteil: Julia Romeiß
Layout/DTP: Uhl + Massopust GmbH, Aalen

Gedruckt auf chlorfrei gebleichtem Papier

Printed in Germany
ISBN 978-3-8354-1491-4

Hinweis
Das vorliegende Buch wurde sorgfältig erarbeitet. Dennoch erfolgen alle Angaben ohne Gewähr. Weder Autorinnen noch Verlag können für eventuelle Nachteile oder Schäden, die aus den im Buch vorgestellten Informationen resultieren, eine Haftung übernehmen.